Bagriy & Co.

АЛЕКСЕЙ ОРЛОВ

ИСТОРИЯ
БЕЗ ИСКАЖЕНИЙ

Очерки о Гражданской войне

Bagriy & Company
Chicago • Чикаго
2023

Алексей Орлов
ИСТОРИЯ БЕЗ ИСКАЖЕНИЙ
Очерки о Гражданской войне

Alexei Orlov
HISTORY WITHOUT DISTORTION
Essays on the Civil War

ISBN 979-8-9877439-3-5 (Paperback)
ISBN 979-8-9877439-4-2 (Hardback)

Edited by Alexander Matlin
Proofreading by Julia Grushko
Book design and layout by Yulia Tymoshenko
Cover design by Larisa Studinskaya

Литературный редактор: Александр Матлин
Корректор: Юлия Грушко
Компьютерная вёрстка, макет: Юлия Тимошенко
Обложка: Лариса Студинская

Иллюстрации в тексте — *Wikimedia.org*

Bagriy & Company
Chicago, Illinois, USA
www.bagriycompany.com

Printed in the United States of America

Содержание

Александру Матлину,
другу, единомышленнику, редактору

Предисловие

«Сума спятил» — примерно такой была реакция едва ли не каждого, кто спрашивал меня о моей следующей книге и кому я отвечал: «Гражданская война».

Подобная реакция понятна и объяснима. К услугам каждого, кто интересуется Гражданской войной, десятки тысяч — возможно, сотни тысяч — книг. В американской истории нет периода, о котором было бы написано столько, сколько о самой кровопролитной в этой истории войне и о людях, так или иначе связанных с ней. И есть книги, переведённые в постсоветской России на русский язык. Так может ли что-либо добавить русскоязычный автор к Монблану книг о Гражданской войне?

Лет этак десять-пятнадцать назад я прислушался бы, возможно, к мнению скептиков. Но обрушившаяся на страну «культура отмены» (cancel culture) — с уничтожением памятников, с превратным толкованием событий, с превращением легенд в факты — всё это убедило меня взяться за работу. К «культуре отмены» добавилась в последние годы «критическая расовая теория» (critical race theory), апологеты которой переделывают американскую историю. Миллионы американцев — в их числе дети и внуки эмигрантов из бывшего Советского Союза — вступают во взрослую жизнь с искажённым представлением о своей стране и вряд ли подвергают сомнениям приобретённые в школе «знания». В сегодняшней Америке есть, конечно, литература, не искажающая историю, своего рода редкие островки в океане «культуры отмены» и «критической расовой теории». Но, наверное, только у единиц есть желание — и время, которого всегда не хватает, — пуститься в плавание к этим островкам. И я, историк-любитель, считаю своим — извините за высокопарный слог — долгом прикоснуться к некоторым страницам истории Гражданской войны.

Я заинтересовался историей Гражданской войны в 1997 году — ровно через двадцать лет после иммиграции. Ранее меня — повторю ещё раз: историка-любителя — увлекала предреволюционная колониальная Америка и Америка первых десятилетий Республики — бостонский Фанейл-холл («колыбель американской свободы», по определению Дэниела Уэбстера), Революционная война, провозглашение Независимости, Конституционный конвент, рождение двухпартийной системы... Летом 1997 года мы с женой провели неделю в вирджинском городке Маунт-Джексон (названном, замечу в скобках, не в честь уроженца Вирджинии генерала Конфедерации Томаса «Каменная Стена» Джексона, героя Гражданской войны, а в честь уроженца Южной Каролины Эндрю Джексона, героя Англо-американской войны, разбившего англичан в 1815 году под Новым Орлеаном). Мы съезжали на просёлочные, по российской терминологии, дороги, заезжали в места, не часто посещаемые туристами, и всюду — подчеркну: всюду — встречали людей, влюблённых в историю своего края, гордящихся его историей. Тогда-то и зародился мой интерес к истории Вирджинии, распространившийся затем на интерес ко всему американскому Югу.

С тех пор мы с женой исколесили весь юго-восток страны — обе Каролины, Джорджию, Теннесси, Луизиану, Флориду. Когда же пришло время выбирать место для пенсионного житья-бытья, мы сменили место многолетнего обитания в Нью-Джерси и выбрали горное местечко неподалёку от северокаролинского города Ашвилл. Отсюда не составляло труда совершать автомобильные «набеги» на места боевой славы Гражданской войны. Набеги подхлёстывались чтением, желанием узнать как можно больше не только о самой войне, но и о предшествующем ей времени и о времени последующем. С годами я пришёл к выводу, что не имею права отойти в мир иной, не написав книгу, которую представляю на ваш суд.

Дорогой войны

Размышления о Гражданской войне не покидают меня всякий раз, когда я выруливаю на дорогу № 81. До переезда в Ашвилл я подумать не мог, что эта автострада станет главной дорогой в моих поездках в Нью-Йорк — на деловые встречи и на свидания с детьми и друзьями.

81-е межштатное (interstate) шоссе протянулось на 855 миль (1376 километров) от теннисийского города Дэндридж до острова Уэллсли на реке Святого Лаврентия, разделяющей США и Канаду. Я въезжаю на шоссе в 20 милях к югу от города Бристола, часть которого находится в Теннесси, а часть — в Вирджинии, пересекаю затем Вирджинию (325 миль), Западную Вирджинию (26), Мэриленд (12) и еду ещё 154 мили по Пенсильвании до 78-й межштатной автострады. Таким образом, я проезжаю по 81-й 537 миль, и большая часть пути проходит по местам, где в 60-е годы XIX века бушевала кровопролитнейшая в истории нашей страны война. Можно ли не думать об этом, отмеряя в течение семи-восьми часов одну милю за другой?

Невозможно не думать о Гражданской войне, когда проезжаешь, не останавливаясь, несколько съездов (я, конечно, уже давно перешёл в устной речи с русского на английский и говорю не «съезд», а "exit") до города Кристиансбурга, находящегося в полутора часах шоссейной езды от Бристола. В первые годы войны, начавшейся весной 1861 года, Кристиансбург оставался цел и невредим, фермерские хозяйства кормили армию конфедератов, а редкие набеги северян южане легко отбивали. Здесь останавливались на ночлег генералы конфедератов Томас «Каменная Стена» Джексон и Джеб Стюарт. С весны 1864 года город оказался в центре боевых действий. Кавалеристы генерала Уильяма Аверелла были первыми северянами, захватившими его. Они сожгли все строения железнодорожного депо, кроме пассажирской станции. До наших дней в Кристиансбурге сохранилось лишь одно здание той далёкой поры — Дом Монтегю (Montague House), построенный в начале XIX века и названный именем Райса Монтегю, купившего дом в 1825 году. В нём располагались как генералы Конфедерации, так и генералы Союза. Последним был генерал федералов Джордж Стоунмен. Квартируя здесь в первые апрельские дни 1865 года, он получил известие об окончании войны. Ныне в Доме Монтегю находится Музей истории Гражданской войны. Я бывал в нём в первые нулевые годы, а теперь мчусь по 81-й дороге, минуя Кристиансбург без задержки. Для любознательных: город назван именем Уильяма Кристиана, участника Войны за независимость.

В свои первые поездки по 81-й автостраде — с заездами в места былых сражений — я вряд ли задумывался о передислокациях солдат Конфедерации и Союза. Я сознавал, конечно, что никаких асфальтированных дорог не существовало, и этим осознанием мои мысли о походах противоборствующих сторон ограничивались. Но летом 2002 года я вплотную заинтересовался дорогами, которые солдаты измеряли либо ногами, либо в седле, а случалось, в какой-то повозке. Заинтересовался я, побывав в городке Нью-Маркет, где 15 мая 1864 года произошло сражение. В нём приняли участие курсанты Вирджинского военного института, и чтобы участвовать, совершили за четыре дня — с 11 до 14 мая — марш-бросок от Лексингтона, где находится Институт, до Нью-Маркета. Расстояние — 77 миль (124 километра). Около часа езды по асфальтированной четырёхполосной — две в одну сторону, две в другую — 81-й автостраде. А если шагать на своих двоих? И никакого, разумеется, асфальта. Существовала ли дорога, связывавшая Лексингтон и Нью-Маркет? И если существовала, то какой была?

81-я межштатная автострада — молода, как и все межштатные, пересекающие страну в широтном направлении (у них чётные номера) и в меридиональном (нечётные). Эти скоростные шоссе начали строить после того, как в 1956 году Конгресс принял — по инициативе президента Дуайта Эйзенхауэра — Федеральный закон о шоссейных дорогах (Federal-Aid Highway Act), названный также Законом о национальных автомагистралях между штатами и обороне (National Interstate and Defence Highways Act). Будучи командующим вооружёнными силами союзников в Европе во время Второй мировой войны, генерал Эйзенхауэр восхищался немецкими автобанами и считал пересекающие страну автострады совершенно необходимыми в случае вторжения в США иностранной армии. Конгресс выделил — на следующие десять лет — 25 миллиардов долларов для строительства 41 тысячи миль (65 тысяч километров) дорог. Это был крупнейший государственный проект в истории.

Строительство началось в 1957 году и растянулось на долгие годы. Обратимся к 81-й автостраде. Строительство в Теннесси, где это шоссе начинается, закончилось в августе 1975 года. Точка была поставлена в июле 1987 года, когда завершились работы в Вирджинии.

Ну а что представляла собой дорога, по которой в 1864 году шагали в бой кадеты Вирджинского военного института? Для ответа на этот вопрос нам предстоит заняться историей и географией.

Достаточно беглого взгляда на физическую карту Северной Америки, чтобы увидеть на востоке континента горную систему Аппалачи. В середине этой системы находится гигантский жёлоб — Долина Великих Аппалачей (Great Appalachian Valley). Жёлоб протянулся на 1200 миль (1900 км) от канадской провинции Квебек (на севере) до штата Алабама (на юге) и представляет собой цепь долинных низменностей. У каждой долины — их четырнадцать — своё название. Вся 855-мильная 81-я автострада проложена в системе двенадцати долин, за исключением двух южных. В частности, вирджинский участок автострады находится в долине Шенандоа. С конца XVII до начала второй половины XIX Шенандоа была житницей (breadbasket) Вирджинии, сначала колониальной, затем штата. В годы Гражданской войны это был оплот конфедератов. В 1862-м генерал Томас («Каменная стена») Джексон громил здесь северян в сражениях, вошедших в историю как Долинная кампания Джексона (Jackson's Valley campaign). В 1864-м армия генерала северян Филипа Шеридана прошлась по Шенандоа огнём и мечом, применяя тактику выжженной земли. В Долинной кампании (Valley campaign) Шеридан и его генералы выиграли два десятка сражений, потерпев только одно поражение — при Нью-Маркете. Участие в этом сражении приняли, как мы уже знаем, кадеты Вирджинского военного института. Так по какой же дороге шли они 77 миль к месту сражения? Пройти столько миль за четыре дня по бездорожью невозможно. Но не было бездорожья. Существовала дорога. И совсем неплохая, по стандартам середины XIX века.

В долине Шенандоа была проложена от Винчестера (на севере) до Стонтона (на юге) 93-мильная (150 км) щебёночная дорога, и она продолжалась — с худшим покрытием — до Лексингтона и дальше на юг. Дорогу эту начинали строить в 30-е годы XVIII века европейские поселенцы, осевшие сначала в Пенсильвании и двинувшиеся затем в Вирджинию. Строительству способствовал заключённый в 1774 году договор между представителями Пенсильвании, Мэриленда и Вирджинии с одной стороны и представителями шести индейских народов — с другой. Договор, вошедший в историю как Ланкастерский, поскольку переговоры — двухнедельные — велись в Ланкастере, основанном европейцами в 1681 году, закреплял за поселенцами обширную территорию и позволял коренным жителям использовать дорогу, прокладываемую европейцами. Поселенцы — англичане, шотландцы, ирландцы, немцы — назвали её «Дорогой индейцев». Строилась она на месте троп, проложенных индейцами, которые использовали тропы, протоптанные лесными буйволами, пробивавшимися сквозь дремучие чащи в поисках свежей воды, пастбищ, солончаков. Индейцы использовали эти тропы для охоты, обменной торговли и, конечно, войн. Они закладывали фундамент будущих дорог.

Поселенцы расширяли «Дорогу индейцев», и в первые десятилетия XIX века это уже была «Великая фургонная дорога» (Great Wagon Road), по ней передвигались не только в седле. В 1834 году Генеральная ассамблея (легислатура) Вирджинии зарегистрировала дорожно-строительную компанию "Valley Pike", собиравшуюся — что ясно из названия — брать плату за проезд по дороге в долине. Правительство штата стало партнёром этой компании, инвестировало 40 процентов в проект — улучшение дороги на юг от Винчестера. Во время Гражданской войны Вэлли-Пайк была главной транспортной артерией в долине Шенандоа. С тех пор дорога расширялась, укреплялась, менялось покрытие... Принятый в 1956 году Федеральный закон о шоссейных дорогах позволил придать ей нынешний облик.

Всю 81-ю автостраду, 855 миль от границы с Канадой до Теннесси, прозвали «Тропой великих воинов» ("The Great Warriors Trace"), ибо этой тропой ходили в течение столетий индейцы, ходили задолго до появления бледнолицых. Но я причисляю к воинам — warriors — и пришельцев в Северную Америку из Старого Света, открывавших новые земли. И разве не были воинами конфедераты-южане и федералы-северяне, противостоявшие друг другу в Гражданской войне? Но, въезжая на 81-ю, я, признаюсь, думаю не о коренных американцах и не о пионерах, продвигавшихся с Атлантического побережья на запад к Аппалачам. Я думаю о тысячах и тысячах павших в Гражданской войне. Едва ли не каждый с дороги съезд ведёт к местам, связанным так или иначе с войной. Велик их перечень. Вот лишь некоторые — когда ваш путь лежит с юга на север.

ЛЕКСИНГТОН. Не первый в стране город с таким именем. Первым был Лексингтон, созданный пуританами вблизи Бостона. Здесь в 1775 году произошла первая в Войне за независимость схватка американцев с англичанами. В честь этой схватки американских патриотов с красными мундирами и назвали вирджинцы своё поселение, основанное в том же 1775-м. В 1839 году в Лексингтоне был открыт Вирджинский военный институт — первое в стране высшее военное учебное заведение, находящееся в ведении правительства штата. Основанная в 1802 году решением Конгресса Военная академия Вест-Пойнт находится в ведомстве федерального правительства. В 1851 году группу преподавателей Вирджинского института пополнил выпускник Вест-Пойнта и участник Мексиканской войны 27-летний Томас Джексон, будущий генерал конфедератов, которому ещё предстояло стать «Каменной стеной». Джексон стал профессором философии и артиллерийским инструктором... 15 выпускников Института были генералами армии Конфедерации, один — генералом армии Союза. В июне 1864 года северяне захватили Лексингтон и сожгли Военный институт. Учёба в нём возобновилась осенью 1865-го.

Погибший на войне генерал Джексон похоронен в Лексингтоне. В этом городе похоронен и генерал Роберт Ли. После войны Ли стал президентом Колледжа Вашингтона — вуза с ещё большей историей, чем Военный институт. После смерти Ли колледж переименовали в Университет Вашингтона и Ли.

Для любознательных: Джордж Маршалл — первый в истории пятизвёздный генерал и государственный секретарь — окончил Вирджинский военный институт в 1901 году.

СТОНТОН. Основанный в 1732 году и названный в 1747 году в честь леди Ребекки Стонтон, жены королевского вице-губернатора Вирджинской колонии, этот город был во время Гражданской войны одним из опорных центров конфедератов в долине Шенандоа. 6 июня 1864 года 10-тысячная армия генерала северян Дэвида Хантера захватила город. На следующий день солдаты грабили, а затем поджигали магазины. Были разрушены железнодорожный вокзал, заводы, лесопилки, мельницы... Разгром, учинённый северянами, хорошо запомнился Вудро Вильсону, родившемуся в Стонтоне в 1856 году. Отец будущего президента США был убеждённым сторонником Конфедерации.

НЬЮ-МАРКЕТ. 81-я автострада пересекает поле, на котором 15 мая 1864 года произошло единственное в мировой истории сражение с участием всех до единого студентов одного высшего учебного заведения. Как уже знает читатель, это были курсанты Вирджинского военного института, совершившие за четыре дня — с 11 до 14 мая — 77-мильный поход от Лексингтона до Нью-Маркета. Курсанты всех четырёх курсов шли по Вэлли-Пайку. Ныне это штатная вирджинская дорога № 11. В Нью-Маркете она названа Конгресс-стрит и проходит

Здесь 15 мая 1864 года сражались курсанты
Вирджинского военного института

параллельно 81-й автостраде через поле битвы — части Исторического района Нью-Маркета (New Market Battlefield State Historical Park).

«Самое известное второстепенное сражение Гражданской войны», — считает полковник Кейт Гибсон, директор Музея Вирджинского военного института. Это было действительно второстепенное сражение — и по продолжительности (лишь один день), и по числу участников и погибших, и оно никак не повлияло на ход войны. «Самым известным» сделало его участие курсантов Вирджинского военного института. В 2014 году режиссёр Шон Макнамара снял о сражении фильм «Поле потерянной обуви» ("Field of Lost Shoes"). В дни перед битвой шли дожди, поле боя представляло собой месиво грязи, и на поле остались сотни солдатских ботинок...

ВИНЧЕСТЕР. Находящийся на севере долины Шенандоа поблизости от Мэриленда — рабовладельческого штата, оставшегося в составе Союза, и Пенсильвании, где рабовладение было запрещено, этот вирджинский город служил конфедератам опорным пунктом в наступлении на север.

Для северян город представлял своего рода за́мок, который следовало взломать, чтобы открыть ворота в долину Шенандоа. С марта 1862 года по октябрь 1864-го Винчестер переходил из рук в руки 72 раза. Пять крупнейших сражений произошло в пределах городской черты. Здесь обрели свой вечный покой около 7500 конфедератов и северян.

МАРТИНСБЕРГ. Когда в апреле 1861 года началась война, этот город — крупный железнодорожный узел — находился в Вирджинии. Когда война завершилась, он был в Западной Вирджинии. Новый штат образовался из графств Вирджинии, отказавшихся отделиться от Союза и стать частью Конфедерации.

Мартинсберг стал, как и Винчестер, местом постоянных сражений, и был почти полностью разрушен. Уцелело немного строений. Одно из уцелевших дожило до наших дней — Дом Белле Бойд. Его неоднократно готовили к сносу, в последний раз в 1992 году — под автомобильную парковку. Городской совет Мартинсберга спас дом, и ныне в нём располагается Историческое общество графства Беркли. Не быть бы музею, если бы в доме не жила Изабелла Мария Бойд, вошедшая в историю как Белле Бойд, а также Клеопатра Конфедерации, Сирена Шенандоа, Мата Хари Конфедерации.

С началом войны отец 17-летней Изабеллы пошёл воевать за Конфедерацию, сражался в бригаде Томаса «Каменная Стена» Джексона. День Независимости, 4 июля 1861 года, на доме конфедерата Бойда был вывешен Боевой флаг Конфедерации, хотя Мартинсберг был под началом северян. Они решили сорвать конфедератский флаг и заменить его звёздно-полосатым флагом. Вмешалась мать Изабеллы, и один из северян обложил её матом.

19

Билле Бойд

Изабелла уложила его выстрелом из пистолета. В ходе расследования в неё влюбился капитан северян, и суд оправдал её, признав, что дочь реагировала на нанесённое матери оскорбление.

Белле использовала свою красоту для покорения сердец офицеров вражеской армии. Добытые в постели военные секреты становились достоянием конфедератов. Её арестовывали шесть раз. Бывало, спасали любовники.

Однажды её обменяли. Однажды освободили, поскольку она заболела тифом.

Для любознательных — двухтомник мемуаров «Белле Бойд в (военном) лагере и в тюрьме».

АНТИТАМ. Мэрилендский отрезок 81-й автострады самый короткий: 12 миль. Но как раз здесь, буквально в нескольких минутах езды на восток от сходов с шоссе, находится Национальное поле битвы при Антитаме (Antietam National Battlefield) — своего рода музей под открытым небом. На этом поле — вблизи речушки Антитам-Крик — 17 сентября 1862 года произошло самое кровопролитное в истории однодневное сражение. Были убиты и ранены 22 719 солдат — 12 401 северянин и 10 318 конфедератов. Для сравнения: 6 июня 1944 года во время высадки западных союзников в Нормандии (D-Day) погибли, были ранены и пропали без вести 9936 американцев.

Битва при Антитаме — первое сражение Гражданской войны на территории северян. Командующий северянами генерал Джордж Макклеллан объявил о победе. Стратегически он был прав, ибо Северовирджинская армия южан под командованием генерала Роберта Ли уже не могла продолжать военную кампанию в Мэриленде и была вынуждена отступить. Но тактически сражение закончилось вничью, за что Макклеллан поплатился. Президент Линкольн посчитал, что генерал недостаточно решителен, поскольку не добил врага, и отстранил его от командования Потомакской армией — главной на Восточном фронте. Спустя два года Макклеллан, кандидат Демократической партии, проиграл президентские выборы республиканцу Линкольну.

ЧАМБЕРСБЕРГ. Чтобы добраться до места Геттисбергского сражения, ставшего переломным в войне, следует сойти в городе Чамберсберг с 81-й автострады и поехать на восток 24 мили по долине Камберленд — более северной, чем Шенандоа, части гигантского желоба Долины Великих Аппалачей. И уж если вы пересекли реку Потомак, добрались до Пенсильвании и, значит, отмахали несколько сотен миль, то 24 мили — пустяк. Не откажите себе в возможности побывать там, где в первые три июльских дня 1863 года произошла битва, предрешившая исход войны. Было, конечно, много сражений и после Геттисбергского, но у Линкольна и его генералов уже не было сомнений в окончательной победе.

Бывая в Геттисберге в Национальном военном парке (National Military Park), я всегда вспоминаю лермонтовское «Бородино»: «И вот нашли большое поле: есть разгуляться где на воле…» «Большое поле» нашёл Роберт Ли,

Один из памятников на месте Геттисбергского сражения

уверенный, что его Северовирджинская армия победит Потомакскую, которой командовал генерал Джордж Мид. Но победили северяне. Конфедераты были вынуждены отступить за Потомак и уже никогда не пересекали эту реку.

В трёхдневном сражении погибли и были ранены более 50 тысяч конфедератов и федералов. Для сравнения: в многолетней Вьетнамской войне потери американцев составили чуть более 50 тысяч.

Геттисберг вошёл в историю как место кровопролитнейшей битвы и, конечно же, как место, где Линкольн произнёс свою самую знаменитую речь — Геттисбергское послание. Он выступал на открытии Национального кладбища через четыре с половиной месяца после сражения — 19 ноября. Выступал чуть более двух минут. Текст послания высечен на каменной плите — части Мемориала Линкольна в Вашингтоне.

Потомакская армия сорвала план Роберта Ли двигаться на север к столице Пенсильвании Гаррисбергу. Я же еду до Гаррисберга, а через два десятка миль расстаюсь с 81-й межштатной и перехожу на 78-ю межштатную, идущую прямёхонько на восток — через Пенсильванию и Нью-Джерси. В западном Нью-Джерси я расстаюсь и с Долиной Великих Аппалачей и качу уже по равнине в город Нью-Йорк, куда Линкольну пришлось направить войска, едва-едва пришедшие в себя после Геттисбергского сражения. Федеральной армии следовало усмирить нью-йоркских бунтовщиков.

Тысячи ньюйоркцев восстали против принятого Конгрессом в марте 1863 года первого в истории США закона о призыве в армию. До этого федеральная армия формировалась из добровольцев и не испытывала недостатка в пополнении. Это было время, когда федеральная армия сражалась за сохранение Союза. Голод на добровольцев начался после объявления Линкольном Прокламации об освобождении рабов. Нью-йоркские пролетарии — в большинстве ирландцы — не желали проливать кровь за освобождение чёрных. К тому же пролетарии знали, что богатые могут избежать призыва в армию. 13 июля начался бунт против призыва в армию. Бунтовщики громили полицейские участки, пытались овладеть арсеналом. Чёрные ньюйоркцы бежали из Манхэттена через Ист-Ривер в Бруклин — в то время независимый город. Одиннадцати неграм спастись не удалось. Полиция была бессильна. Бунт продолжался 14 июля и был подавлен только вечером 15-го прибывшими в город частями регулярной армии. Она расстреляла бунтовщиков картечью.

Однако нью-йоркский бунт (New York City draft riot) требует отдельного рассказа, выходящего за рамки этой книги.

За что боролись
Союз и Конфедерация

«Назовите главную проблему, которая привела к Гражданской войне» — это один из уймы вопросов на экзамене на американское гражданство, который сдают ежегодно в нашей стране тысячи и тысячи эмигрантов со всего света. Экзаменуемым предлагают три варианта ответа: первый — рабовладение, второй — экономические причины, третий — права штатов. Я сказал экзаменатору: «Рабовладение». Он кивнул в знак одобрения и задал следующий вопрос.

Ответ о причине Гражданской войны я знал задолго до того, как 30 марта 1977 года «Боинг» компании «Алиталия» с эмигрантами из Советского Союза приземлился в нью-йоркском аэропорту имени Джона Фитцджеральда Кеннеди. Ответ на этот вопрос я знал со времён советской школы. Преподавательница истории говорила, что северяне сражались с южанами за освобождение негров. Это усвоили даже ученики, которые вряд ли могли найти Соединённые Штаты на политической карте мира. Годы спустя я повторил усвоенное в ленинградской школе на экзамене, проводимом Службой иммиграции и натурализации министерства юстиции США. Когда же — опять-таки, годы спустя — я заинтересовался американской историей, то осознал: мой ответ на вопрос о «проблеме, которая привела к Гражданской войне», был неверным, ошибочным, не имеющим ничего общего с реальными причинами, приведшими к войне. Главную причину — «проблему» — озвучил (прошу прощение за современный сленг) Авраам Линкольн. Если бы он принимал у меня экзамен на гражданство, то немедленно, я полагаю, сказал бы, что я ошибся.

19 августа 1862 года главный редактор и издатель газеты *New York Tribune* Хорас Грили обратился к Аврааму Линкольну с открытым письмом, в котором спрашивал: почему президент не спешит с освобождением рабов. 22 августа Линкольн ответил ясно и недвусмысленно о своей цели в этой войне. Он писал:

«Я собираюсь сохранить Союз. Я собираюсь сохранить его самым коротким путём, дозволенным Конституцией. Чем скорее будет восстановлена национальная власть, тем скорее Союз станет «прежним Союзом». Если и существуют те, кто считает, будто бы сохранение Союза в то же самое время означает сохранение рабства, то я не согласен с ними. Моей высшей целью в этой борьбе является сохранение Союза, а не сохранение или уничтожение рабства. Если бы я смог спасти Союз, не освободив ни одного раба, я бы сделал это; и если бы я мог спасти его, освободив всех рабов, я бы сделал это, и если бы мог спасти его, освободив одних рабов, и не освободив других, я бы сделал это. Всё, что я предпринимаю в вопросе рабства и для цветной расы, я делаю, потому что верю — это поможет сохранить Союз. ...Этим я объяснил здесь моё намерение, которое рассматриваю как свою должностную обязанность. И не собираюсь менять моё личное, часто высказываемое, мнение, что все люди везде должны быть свободны».

Сохранение Союза в неприкосновенности и было главной «проблемой, которая привела к Гражданской войне». Освобождение рабов? Может, это была — для Линкольна — вторая «проблема», может, третья... Линкольн был противником рабовладения, но не сомневался, что белые и чёрные должны жить врозь. Задолго до президентства он стал активным членом Американского колонизационного общества. Это общество создало в 1816 году в Африке поселение Либерия для переселения американских негров. В 1847 году поселение превратилось в независимое государство, и ко времени Гражданской войны в нём жили более 13 тысяч американских негров. Линкольн не изменил своего отношения к цели колонизационного общества — переселению негров из Соединённых Штатов, не сомневался, что и чёрным не хочется жить вместе с белыми. Будучи президентом, он стал подыскивать для свободных негров ещё одно место — уже в Южной Америке.

Считал ли Хорас Грили освобождение негров более важной проблемой, чем сохранение Союза? Вряд ли. Он считал эти проблемы взаимосвязанными, не отделял одну от другой. Но для аболиционистов — каковых было немало, особенно в штатах Новой Англии, — ликвидация рабовладения была в войне главной целью. Они видели во всех без исключения белых южанах либо рабовладельцев, либо сторонников рабовладения и не сомневались, что армия Конфедерации защищает институт рабовладения. В армии Конфедерации были, безусловно, и те, и другие. А были ли в этой армии такие, кто не защищал институт рабовладения?

17 февраля 1864 года подводная лодка конфедератов «Ханли» потопила корвет северян «Хаусатоник». Это была первая в истории успешная атака субмарины. Но подводники не вернулись в свою гавань. «Ханли» затонула, экипаж погиб. Это был третий выход подлодки в Чарльстонскую гавань, путь из которой в открытое море блокировали суда северян. Предыдущие два выхода также закончились трагически. В первом пять человек погибли, трём удалось выплыть. Во втором погибли все восемь, включая создателя подлодки Хораса Лоусона Ханли. Однако не пришлось долго искать команду для третьего выхода, волонтёры дали о себе знать сразу же.

Лейтенант Джордж Диксон стал следующим капитаном подлодки. У него в подчинении было семеро добровольцев. Четверо членов экипажа родились в Америке, четверо — в Европе. Ни один из американцев не был рабовладельцем. Не было рабовладельцев и среди иммигрантов. Все они погибли.

Естественен вопрос, на который следует ответить каждому, кто утверждает, что главной целью Конфедерации в войне с Союзом был защита института рабовладения: ради чего жертвовали жизнью восемь подводников — четыре уроженца Америки и четыре иммигранта из Европы? Может быть, они говорили об этом перед операцией, но что говорили, нам знать не дано. Однако у нас есть возможность знать, чем руководствовались в войне многие солдаты и офицеры армии Конфедерации. До наших дней дожили десятки тысяч писем, написанных ими родителям, подругам и жёнам, детям и внукам, друзьям и одноклассникам. Эпистолярное наследие военного времени грандиозно. Оно собрано в сотнях коллекций и архивах, оно издаётся и переиздаётся, каждый интересующийся имеет возможность познакомиться с какой-то долей — тысячной — написанного. В частности, в Американском музее Гражданской войны.

В течение десятилетий этот Музей располагался в Ричмонде, столице Вирджинии. В 2013 году он расширился — открыл отделение в вирджинском местечке Аппоматтокс, в том самом, где 9 апреля 1865 года генерал конфедератов армии Роберт Ли сдался генералу северян Улиссу Гранту, что означало окончание войны. Вместе с 15 тысячами документов и артефактов, пятистами боевых флагов, тысячами предметов, принадлежавших президенту Конфедерации Джефферсону Дэвису и генералам и министрам Конфедерации Музей располагает собранием писем, позволяющих ответить на вопрос, за что сражались конфедераты. Мотивы разные. Одни защищали свои дома и семьи. Другие сражались за свободу. Третьи считали своим долгом и честью воевать с янки. И были также солдаты и офицеры, защищавшие рабовладение.

ПИСЬМА ПЕРВОЙ КАТЕГОРИИ

«Если меня завтра убьют, это будет за Вирджинию, землю моих отцов, а не за проклятое сепаратистское движение», — написал майор Чарльз Майнор Блэкфорд из 2-й Вирджинской кавалерийской бригады, и из написанного ясно: он защищает Вирджинию, а не раскол в стране.

«Если я паду, я паду за правое дело — защиту моей страны, защиту моего дома и очага», — написал рядовой Эндрю Уайт из 30-й пехотной дивизии Джорджии.

ПИСЬМА ВТОРОЙ КАТЕГОРИИ

«Я чувствую, что сражаюсь за вашу свободу и за свободу и привилегии моих маленьких детей», — написал рядовой Дж. В. Фуллер из 2-й пехотной дивизии Миссисипи.

«(Я пошёл воевать за то), чтобы нам было позволено иметь свою собственную форму правительства и свои собственные социальные институты и самим регулировать свои домашние дела», — написал рядовой Ричард Генри Уоткинс из 3-й Вирджинской кавалерийской бригады.

ПИСЬМА ТРЕТЬЕЙ КАТЕГОРИИ

«Рискуя свой жизнью, я хочу быть в своей стране человеком чести. Я не хочу стать позором для самого себя или своих близких», — написал рядовой Эли Лендерс из 6-й Арканзасской пехотной дивизии.

«Тот не мужчина, кто остаётся дома», — написал Уильям Адамс, рядовой 4-й пехотной Северокаролинской пехотной дивизии.

«Я был бы опозорен, если бы остался дома, и был бы недостоин своего предка-революционера... В семье, носящей моё имя, не осталось, кроме меня, никого, чтобы бороться за нашу свободу. Речь идёт о чести нашей семьи... Человек, который не пожертвует своей жизнью, обесчестит свою жену и детей», — написал Самуэль Сандерс, рядовой 6-й пехотной дивизии Южной Каролины.

ПИСЬМА ЧЕТВЕРТОЙ КАТЕГОРИИ

«Я готов сражаться вечно, чтобы только не видеть в нашем кругу свободных негров... Мы сражаемся за права и собственность, завещанную нам нашими прародите-

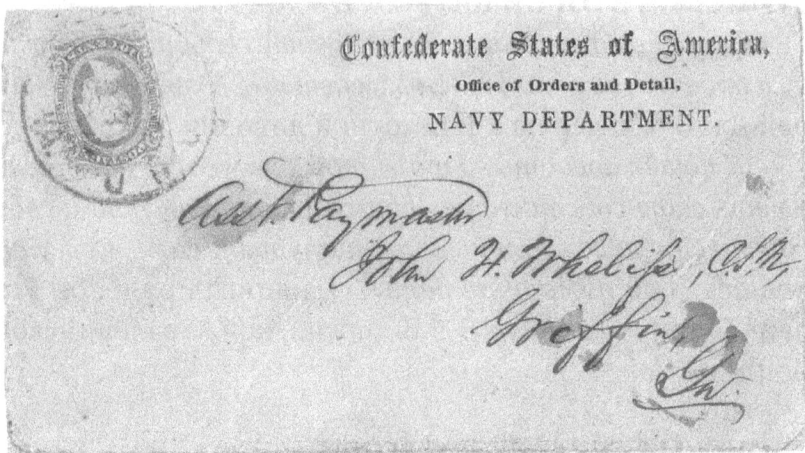

Письмо домой

лями», — написал капитан Элиас Дэвис из 7-й пехотной дивизии Алабамы.

«Вандалы с Севера намерены разрушить рабовладение... Мы все должны сражаться, и я решил биться за право южан и свободу Юга», — написал рядовой Ламнсфорд Йенделл, кавалерист из Кентукки.

«Эта страна без рабского труда была бы совершенно бесполезна. Мы можем жить и существовать только благодаря этому виду труда, и поэтому я готов сражаться до последнего», — написал лейтенант Уильям Наджент из 2-й пехотной дивизии Миссисипи.

Легко убедиться, что в армии Конфедерации обитали решительные сторонники рабовладения, но они были в меньшинстве. И аболиционисты составляли меньшинство в армии Союза. Линкольн был с большинством.

«У меня, — подчеркнул президент Линкольн 4 марта 1861 года в инаугурационной речи, — *нет никаких наме-*

рений прямо или косвенно вмешиваться в функциониро-вание института рабства в тех штатах, где оно суще-ствует. Я считаю, что не имею законного права делать это, и я не склонен делать это...» Но вот защиту един-ства Союза Линкольн рассматривал как своё законное право: *«Я считаю, что Союз нерушим, и я буду в пределах своих возможностей... заботиться о том, чтобы законы Союза добросовестно соблюдались во всех штатах. Я по-лагаю, что поступать подобным образом просто мой долг, и я буду исполнять его, насколько позволят обстоя-тельства...»* Линкольн несколько раз подчеркнул, что в защите Союза руководствуется Конституцией, которая, по его словам, образовала «вечный» Союз. Ко дню его инаугурации семь штатов уже образовали Конфедера-цию — Южная Каролина первой объявила об отделении, за ней последовали Миссисипи, Флорида, Алабама, Джор-джия, Луизиана и Техас. Затем к ним присоединились ещё четыре — Вирджиния (в апреле), Арканзас и Северная Каролина (в мае), Теннесси (в июне).

О чём Линкольн не сказал в инаугурационной речи, так это об экономических последствиях выхода южных штатов из состава Союза. Нет, однако, оснований сомне-ваться, что Линкольн руководствовался не в последнюю очередь — не исключено, что в первую, — экономикой. *«Позволить Югу отделиться! —* воскликнул он одна-жды: — *А где же мы тогда получим свои доходы!»*

Знакомство с газетами северных штатов в первые дни и месяцы войны показывает, что Север был не на шутку встревожен перспективой остаться без «дойной коровы» (характеристика вирджинского сенатора Уильяма Грей-сона ещё в конце XVIII века).

«Южная Конфедерация не прибегает к услугам наших судов и не покупает наши товары. А что наш торговый флот без неё? Буквально ничего», — била тревогу нью-гемпширская газета *The Manchester Union Democrat*.

В предвоенные годы в составе Соединённых Штатов Америки было 34 штата. На одиннадцать южных штатов будущей Конфедерации приходилось семьдесят процентов всего экспорта США в долларовом выражении. Север не желал расставаться с «южными» долларами. Английский военный историк Джеймс Маршалл-Корнуолл писал в книге «Грант как военный командир», что действительные причины, разделившие Север и Юг, были политическими и экономическими. Север стремился защитить свою промышленность налогами на импорт, прежде всего из Англии. Юг был категорически против повышения уже существовавших тарифов, опасаясь, что Англия введёт в качестве ответной меры налог на импорт сельскохозяйственной продукции, прежде всего на хлопок. На границе 50–60-х годов экономическим барьером между Севером и Югом стал Тариф Моррилла, названный именем его спонсора — конгрессмена из Вермонта республиканца Джастина Смита Моррилла, одного из отцов-основателей Республиканской партии.

Конгрессмен Джастин Смит Моррилла – автор закона о тарифах

В 1859 году Моррилл внёс на рассмотрение Конгресса закон о повышении тарифа, руководствуясь советом пенсильванского экономиста Генри Чарльза Кэри (ставшего главным экономическим советником президента Линкольна). Но только в 1860-м — году президентских выборов — Палата представителей обсуждала законопроект и голосовала. Голоса разделились так:

Северяне: 96 — за, 15 — против;

Южане: 1 — за, 39 — против;

Конгрессмены из ставших пограничными штатов: 7 — за, 9 — против.

Голосование в Палате представителей проходило 10 мая 1860 года, голосование в Сенате — 20 февраля 1861 года. Между голосованиями состоялись — 6 ноября — президентские выборы. Выборы завершились победой республиканца Линкольна, который получил 39,9 процента голосов избирателей. Этого оказалось достаточно, чтобы расправиться с тремя соперниками — двумя демократами (один северянин и один южанин) и кандидатом партии Конституционный Союз из южного штата Теннесси. Между победой Линкольна и его инаугурацией 4 марта 1861 года произошло ещё одно событие: 8 февраля семь южных штатов провозгласили Конфедерацию Соединённых Штатов.

Даты важны, ибо есть историки — их немало, утверждающие, что Тариф Моррилла не оказал влияния на решение южных штатов образовать Конфедерацию, поскольку закон был утверждён Сенатом уже после создания Конфедерации. Но в южных штатах не сомневались, что избрание Линкольна президентом означает: Тариф Моррилла будет запущен. Основания не сомневаться были. Во-первых, в ходе предвыборной кампании Линкольн публично поддержал повышение тарифов; во-вторых, повышение тарифов вошло в платформу Республиканской партии, утверждённой на съезде, который номинировал Линкольна кандидатом в президенты. Южная Каролина первой вышла из состава Союза — 25 декабря. На конвенте, обсуждавшем вопрос о выходе, Роберт Барнвелл Ретт (в 1850–52 годах депутат Сената) заявил, что Тариф Моррилла противоречит интересам штата. О том же говорилось на конвенте в Джорджии, обсуждавшем выход штата из Союза.

Тариф Моррилла не был главной причиной, заставившей южные штаты порвать с Союзом. Это была одна из причин. И достаточно веская. И она была веской не только для южных штатов, образовавших Конфедерацию, но и для правительства Британии, рассматривавшей вопрос о признании Конфедерации. «Нам не нравится рабовладение, — сказал британский премьер-министр Генри Дж. Т. Палмерстон американскому послу в Лондоне Чарльзу Френсису Адамсу (внук второго президента и сын шестого). — Но нам нужен хлопок, и нам очень не нравится ваша пошлина Моррилла». И едва в бывших английских колониях вспыхнула война, Британия приступила к серьёзным раздумьям: следует ли признать новое государство — Конфедерацию Соединённых Штатов? Об этом свидетельствует переписка между премьер-министром Палмерстоном и министром иностранных дел Джоном Расселом. Британия, считали они, должна проявить инициативу — предложить Франции «обратиться к враждующим сторонам и рекомендовать разрешение разногласий на основе разделения». Рассел писал:

*«Настало время предложить правительству Соединён-
ных Штатов посредничество с перспективой признания
конфедератов... В случае неудачи нам следует признать
Южные Штаты как независимое государство».*

Президент Линкольн и государственный секретарь
Уильям Сьюард постоянно получали сообщения Адамса о царящих в Англии настроениях, и их не могла не
беспокоить перспектива признания Британией правительства «мятежников». Они были осведомлены не только о настроениях в правительстве, но и о настроении
населения. Аболиционисты играли существенную роль
в формировании общественного мнения, но не меньшая
роль принадлежала зависящим от импорта из южных
штатов массам — рабочим текстильных предприятий
и потребителям. Не было однозначным и отношение газет к заокеанским делам.

Два события убедили Британию отказаться от признания Конфедерации: военное и политическое. Военное — сражение при Антитаме 17 сентября 1862 года,
политическое — «Прокламация об освобождении рабов»,
объявленная президентским указом Линкольна 22 сентября 1862 года и вступившая в силу 1 января 1863 года.
Антитам убедил если не всех англичан, то большинство:
северяне способны противостоять конфедератам на
поле боя. Освобождение рабов постепенно — не сразу,
в течение пяти-шести-семи месяцев, — перетянуло абсолютное большинство британцев на сторону Союза.
Моральная сторона — конец рабовладения — переве-
сила материальную — хлопок, сахар, табак. Экономика
отошла — как проблема — на второй план, когда война
продолжалась уже два года.

Вернёмся к вопросу на экзамене на американское гражданство: «Назовите главную проблему, которая привела к Гражданской войне». Экзаменуемым предлагают — напомню — три варианта ответа: первый — рабовладение, второй — экономические причины, третий — права штатов. Правильный ответ: «Рабовладение». Правильный — по мнению многих сегодняшних историков и, конечно, сотрудников министерства юстиции, в недрах которого родились все экзаменационные вопросы. Однако большинство американцев считают такой ответ неправильным. Опрос общественного мнения, проведённый в 2011 году аналитической фирмой *Pew Research Center*, выявил, что лишь 38 процентов американцев считают рабовладение главной проблемой, вызвавшей войну, и почти половина назвала главной права штатов. В 2015 году только 51 процент американцев назвали рабовладение, отвечая на вопрос «Что послужило причиной Гражданской войны?», заданный в совместном исследовании социологической службой колледжа *Marist* и социологической службой издательства *McClatchy*.

Итак, рабовладение не было главной проблемой, и Союз сражался с апреля 1861 года по январь 1863-го не за освобождение рабов. Письма конфедератов — солдат и офицеров — дают ясно понять, за что сражалась Конфедерация. И южные штаты имели право сражаться за выход из состава Союза, созданного на добровольных — подчёркиваю: добровольных — началах.

Конституция
и права штатов

Обратимся ещё раз к первой инаугурационной речи Авраама Линкольна 4 марта 1861 года. За месяц до этого семь южных штатов вышли из состава Союза и создали Конфедерацию Соединённых Штатов. По мнению президента, эти южные штаты нарушили Конституцию. Он, в частности, сказал:

«Я считаю, что с точки зрения универсального права и Конституции Союз этих штатов вечен... Это подтверждается историей самого Союза. Союз намного старше Конституции. Его фактическое существование началось с подписания Статей Ассоциации в 1774 году. Он окреп и продолжал развиваться с принятием Декларации независимости в 1776 году. Дальнейшее укрепление Союза, преданность которому все тогдашние тринадцать штатов наглядно подтвердили, дав слово верности и обещав, что он будет вечным, было отражено в Статьях Конфедерации в 1778 году. И наконец в 1787 году одной из целей разработки и учреждения Конституции была провозглашена задача «образовать более совершенный Союз». Но если разрушение Союза одним или только частью штатов станет возможным по закону, то тогда Союз будет менее совершеннее, чем до принятия Конституции, поскольку теряется жизненно важный элемент вечности...»

На слова Линкольна о «вечности» Союза ссылается едва ли не каждый, кто утверждает, что создавшие Конфедерацию южные штаты нарушили Конституцию, ибо у них не было права на отделение, поскольку нерушимость Союза «подтверждается историей». Но ни история, ни Конституция этого не подтверждают. История свидетельствует об обратном, чего Линкольн, полагаю, не мог не знать.

Созданная в 1774 году на Первом континентальном конгрессе Ассоциация (The Continental Association) не представляла собой «вечный союз». Это было всего лишь соглашение тринадцати английских колоний о совместном торговом бойкоте Британии. Документ вступил в силу 1 декабря 1774 года и действовал четыре месяца — до апреля 1775-го, когда началась Война за независимость.

Первая Конституция новой страны называлась «Статьи Конфедерации и Вечного союза» (The Articles of Confederation and Perpetual Union) и была принята Вторым континентальным конгрессом в ноябре 1777 года. По словам Линкольна, этим документом тринадцать штатов *«наглядно подтвердили, что он (Союз) будет вечным».*

Действительно, в «Статьях Конфедерации» ничего не говорилось о праве любого штата отделиться — выйти из состава Союза. Однако можно предположить, что ни один штат не сомневался, что имеет такое право. «Статьи Конфедерации» гарантировали каждому из тринадцати набор прав: собственная армия, собственные налоговые законы, собственное право взымать торговые пошлины.

И каждый штат жил по своим законам. Имел право печатать свои деньги. Некоторые штаты установили таможенные барьеры в торговле с соседями. Однопалатный Конгресс был не состоянии собирать налоги. Зарубежные банки отказывали аморфному союзу тринадцати штатов в каких-либо кредитах. Европейцы обсуждали, когда — не если, а когда — заокеанская страна распадётся на несколько государств, спорили лишь на сколько — на два, или три, или на четыре. Полная несостоятельность «вечного союза» выявилась во время восстания массачусетских фермеров, вошедшее в историю как Восстание Шейса.

Восстание на западе Массачусетса началось 29 августа 1786 года. Восставших возглавил Дэниел Шейс, ветеран Войны за независимость. От непомерных долгов страдали мелкие фермеры. На них накладывали штрафы за неуплату налогов и часто в судебном порядке конфисковывали хозяйства. Восставшие требовали отмены долгов правительству штата и справедливого судопроизводства. Их требования отвергались одно за другим, петиции не рассматривались, и фермеры взялись за оружие. Не десятки фермеров, не сотни, а несколько тысяч. Напуганные власти Массачусетса обратились за помощью к другим штатам, но другие хранили молчание. Другие жили собственными заботами, и им было, мягко говоря, наплевать на проблемы Массачусетса. Вот таким был «вечный союз».

Светлые умы молодой американской республики задолго до Восстания Шейса осознали: чтобы Соединённые Штаты Америки выжили — как единая страна, — требуется другая Конституция. Среди первых, кто осознал, были вирджинец Джеймс Мэдисон и ньюйоркец Александр Гамильтон. Они решили собрать представителей всех штатов для замены Статей Конфедерации и Вечного Союза. Им удалось привлечь Джорджа Вашингтона, который после победы в Войне за независимость удалился от общественных дел. Но Вашингтон хорошо помнил, как солдаты и офицеры революционной армии месяцами не получали зарплаты, и армия часто бывала необутой и полураздетой, не хватало оружия. Потому что у правительства не было денег. Государственная казна была пуста из-за неспособности Конгресса собирать налоги. Плюс к этому — власти штатов, далёких от военных действий, отказывались заниматься мобилизацией, ибо война проходила где-то — далеко. Гамильтон, бывший адъютантом Вашингтона во время войны, и Мэдисон, земляк Вашингтона, не сомневались, что участие в планируемом ими мероприятии самого популярного в стране человека совершенно необходимо для успеха задуманного — выработки новой Конституции.

Местом собрания была выбрана Филадельфия, и началось это собрание как Федеральный конвент, или Филадельфийский конвент, или Большой (Grand) конвент в Филадельфии. Конвент не называли Конституционным, поскольку большинство посланцев из двенадцати штатов (Род-Айленд отказался от участия) собрались не для создания новой Конституции. Они приехали в Филадельфию для улучшения существовавшей — «Статей Конфедерации и Вечного Союза». Если бы организаторы сообщили, что намерены заняться сочинением новой Конституции, им не удалось бы собрать кворум. Но вот улучшать старую были готовы все — чтобы не оказаться в ситуации Массачусетса во время Восстания Шейса. Конвент открылся 25 мая 1787 года; восстание всё ещё продолжалось. Когда собрание началось, приехавшие согласились: нужна новая Конституция. Присутствие Вашингтона убедило их в этом. Бывший командующий повстанческой армией был избран председателем собрания.

Новая Конституция рождалась в муках в течение почти четырёх месяцев — до 17 сентября. Компромисс следовал за компромиссом. Итогом стал документ, которым страна в праве гордиться по сей день, два с лишним столетия спустя. Но и в новой Конституции, как и в первой, ничего не говорилось о праве штатов выйти из Союза. Этот вопрос даже не обсуждался. Каждому из 55 участников Конституционного конвента было совершенно ясно: Соединённые Штаты Америки представляют собой добровольный Союз. И если бы — если бы — в Конституции было записано, что у штатов нет такого права, то утверждённый Конвентом документ оказался бы мертворождённым. Чтобы Конституция вошла в силу, требовалась её ратификация девятью штатами из тринадцати. Вряд ли нашёлся бы штат, который ратифицировал документ, запрещавший покидать Союз.

Конституция вступила в силу 21 июля 1788 года, когда Нью-Гэмпшир стал девятым штатом, который её ратифицировал. В этот день «Статьи Конфедерации и Вечного Союза» стали достоянием истории. 4 февраля 1789 года состоялись — согласно новой Конституции — выборы президента. Джордж Вашингтон стал первым — и единственным в истории — президентом, получившим голоса всех выборщиков. Он выступил с инаугурационной речью

30 апреля. Двухпалатный — согласно новой Конституции — Конгресс приступил к работе 4 марта. На первой сессии Конгресс одобрил 12 поправок к Конституции и отправил их на рассмотрение штатов. Штаты одобрили десять. И эти десять — Билль о правах — были ратифицированы как поправки к Конституции. Последняя — Десятая — отвечает на вопрос о праве штатов выходить из состава Союза.

Принятая в 1787 году Конституция определяла далеко не все права граждан. Билль о правах ликвидировал этот пробел. Билль о правах предусматривает свободу слова, печати, собраний, вероисповедания, право владения оружием, неприкосновенность личности, имущества и личных бумаг, соблюдение прав граждан, привлечённых к судебной ответственности, и многое другое. В том числе и право граждан каждого штата добиваться выхода штата из состава Союза, хотя в Конституции этого не записано. Что же записано?

10-я Поправка гласит: «Полномочия, которые не делегированы Соединённым Штатам настоящей Конституцией и пользование которыми ею не запрещено отдельным штатам, сохраняются за штатами либо за народом» ("The powers not delegated to the United States by the Constitution, nor prohibited by it to the States, are reserved to the States respectively, or to the people").

В Поправке не перечисляются и не уточняются права, сохраняемые за штатами, да ведь и невозможно перечислить все права — права, касающиеся местного самоуправления, образования, регулирования торговли, трудовых отношений, бизнеса, наследования, бракосочетаний и развода и т. д. и т. п. В их числе и право штатов и народа решать вопрос о выходе из состава Союза. В том, что такое право даровано 10-й Поправкой, не вызывало сомнений ни у отцов-основателей нашей Республики, ни у политиков и юристов последовавших поколений.

«Каждый народ имеет право отказаться от существующего правительства и сформировать новое, лучше отвечающее его интересам», — заявил в 1847 году конгрессмен Авраам Линкольн. Став спустя полтора десятилетия президентом, он отрицал, что у штатов такое право есть.

Линкольн — не президент, а конгрессмен — не был первым, кто считал, что у народа есть право отвергать что-то, что навязывает ему федеральное правительство, если сочтёт, что действия правительства не отвечают его интересам. В 1798 году законодательное собрание штата Кентукки протестовало против принятия Конгрессом Законов об иностранцах и подстрекательствах к мятежу (Allen and Sedition Acts). В резолюции законодателей Кентукки, составленной будущим президентом вирджинцем Томасом Джефферсоном, занимавшим в то время пост вице-президента США, подчёркивалось: деятельность федерального правительства основывается на договоре между штатами, и если правительство присваивает себе полномочия, не предоставленные ему штатами, то штаты могут объявлять его действия антиконституционными.

В 1799 году подобную резолюцию приняло и законодательное собрание Вирджинии. Её написал конгрессмен и будущий президент Джеймс Мэдисон.

В июне 1812 года началась война США и Англии, которая продолжалась до февраля 1815-го. Война расколола страну на два лагеря. Северо-восточные штаты — штаты Новой Англии — не хотели воевать. Судостроители, купцы, банкиры этих штатов ориентировались на торговлю с бывшей метрополией, война им была не нужна. Они называли её, по имени президента США вирджинца Мэдисона, «Войной Мэдисона».

15 декабря 1814 года противники войны собрались в Хартфорде, столице Коннектикута. 26 делегатов из Коннектикута, Массачусетса, Нью-Гэмпшира, Род-Айленда и Вермонта предъявили федеральному правительству пять требований. В случае их невыполнения эти штаты грозили выходом из состава Союза. Некоторые делегаты Хартфордского конвента выступали за немедленное создание независимой республики. Трудно сказать, как развивались бы события, но к тому времени, когда делегация конвента прибыла в Вашингтон на переговоры с президентом Мэдисоном, война закончилась. До столицы дошли сведения о разгроме английской армии под Новым Орлеаном генералом Эндрю Джексоном. Победа Джексона означала конец войны и, значит, конец претензиям штатов Новой Англии к федеральному правительству. Угроза раскола Союза миновала...

Обсуждая права штатов на выход из состава Союза, следует обратить внимание на учебное пособие по конституционному праву в программе Военной академии Вэст-Пойнт в 1825–26 учебном году. Будущие офицеры и генералы штудировали и обсуждали книгу Уильяма Роули «Взгляд на Конституцию» ("Views of the Constitution"). Книга была рекомендована правительством, в ведении которого находилась Военная академия. Анализируя Конституцию, Роули не выражал ни малейших сомнений в праве каждого штата выйти из состава Союза. Он, в частности, писал: «Выход штата из Союза зависит от желания

Уильям Роули и его книга «Взгляд на Конституцию»

народа этого штата. Как мы уже знаем, народ обладает властью изменить свою конституцию...» Роули объяснил, что народ штата, вышедшего из Союза, лишается всех привилегий, причитавшихся ему по законам Союза.

Военную академию в Вэст-Пойнте закончили в общей сложности 306 будущих офицеров и генералов Конфедерации. В тот год, когда книга Роули служила учебным пособием, в Академии учились 16 будущих конфедератов, в том числе будущий президент Конфедерации Джефферсон Дэвис (выпускник 1828 года) и будущий генерал Конфедерации Роберт Ли (1829).

«Если Союз был сформирован вступлением в него штатов, то Союз может быть расторгнут выходом штатов из его состава», — заявил 15 февраля 1833 года в Сенате Дэниэл Уэбстер — выдающийся государственный и политический деятель, бывший конгрессменом, сенатором и государственным секретарём. Как юрист Уэбстер — северянин, а не южанин — не раз выступал в Верховном суде и вошёл в историю как «защитник Конституции». Он не подвергал ни малейшему сомнению право штатов на выход из Союза. Да и абсолютное большинство его современников вряд ли сомневались в существовании такого права.

24 декабря 1860 года Южная Каролина объявила — первой — о независимости от Союза и попросила федеральное правительство убрать войска с её территории. За неделю до этого, 17 декабря, нью-йоркский конгрессмен Даниель Сиклз внёс на рассмотрение Палаты представителей резолюцию, согласно которой ни один штат не может выйти из Союза без согласия Сената, даже если легислатура данного штата проголосует за выход. В таком случае — согласно предложенной резолюции — президент США должен назначить (с согласия Сената) комиссию, которая рассмотрит вопрос о выходе штата из Союза. Штат получит разрешение, если его одобрит две трети состава Сената.

Если бы Конституция не позволяла штатам выходить из Союза, не было бы необходимости в предложении конгрессмена Сиклза.

Доведись мне сегодня сдавать экзамен на американское гражданство, я назвал бы права штатов главной проблемой, которая привела к Гражданской войне. Южные штаты, образовавшие Конфедерацию, не нарушили Конституцию. Конституцию нарушил президент Авраам Линкольн.

Авраам Линкольн — военный президент

Депутат парламента ложился спать, не подозревая, что его сон нарушат вооружённые солдаты. Они подняли законодателя из постели полтретьего ночи и приказали быстро одеться. Арестованного доставили в тюрьму. В течение нескольких дней заключённый депутат понятия не имел, почему оказался за решёткой. Затем ему объяснили: он публично выступил против главы правительства. Безо всякого суда его признали виновным и депортировали...

В какой стране это происходило? Не в путинской России... Не в коммунистическом Китае... Не в вотчине сирийского диктатора Асада... Не ломайте голову, читатель. Это произошло в Соединённых Штатах Америки.

Депутат Палаты представителей демократ Клемент Валландигэм был разбужен в своём доме в Дэйтоне (штат Огайо) в полтретьего ночи 4 мая 1863 года отрядом под командованием генерала Эмброуза Бернсайда. Его доставили в военную тюрьму в Цинциннати, а затем депортировали в южные штаты, откуда он перебрался в Канаду. «Преступление» конгрессмена Валландигэма состояло в том, что он критиковал послание, с которым Авраам

Авраам Линкольн

Линкольн обратился к Конгрессу. Он, сказал, в частности, что президент нарушает закон — расходует поступившие в федеральную казну деньги без согласия Конгресса. Линкольн назвал конгрессмена «предателем» и приказал арестовать его, а затем выслать к конфедератам. Не лишне отметить, что Валландигэм представлял в нижней палате Конгресса граждан Огайо — штата, который остался верен Союзу и дал армии Союза генералов Улисса Гранта и Уильяма Текумсе Шермана, внёсших главный вклад в победу Союза над Конфедерацией.

«Линкольн превратился в конституционного диктатора... В течение войны политика Линкольна и его приказы создали самое экстремальное в истории Соединённых Штатов подавление свободы слова», — пишет профессор-правовед Гарвардского университета Ноа Фельдман в восхваляющей (!) Линкольна книге «Разрушенная Конституция: Линкольн. рабовладение и переосмысливание Америки» ("The Broken Constitution: Lincoln. Slavery and the Refounding of America").

Томас Дилоренцо, профессор экономики Колледжа Лойолы в Мэриленде, не испытывает, в отличие от профессора Фельдмана, симпатий к Линкольну. В книге «Настоящий Линкольн: новый взгляд на Авраама Линкольна, его программу и бессмысленную войну» ("The Real Lincoln: A New Look at Abraham Lincoln, His Agenda, and an Unnecessary

War") он обращает внимание на Декларацию Независимости, в которой английский король Георг III обвинён в «бесчисленных несправедливостях и насилиях» по отношению к американским колонистам. Среди злоупотреблений английского монарха, пишет Дилоренцо, немало и таких, в которых был повинен президент Линкольн.

«Он, — читаем мы в Декларации Независимости об английском короле, — неоднократно распускал палаты представителей (в колониях), мужественно и твёрдо противостоявшие его посягательствам на права народа. Он в течение длительного времени после такого роспуска отказывал в выборах других депутатов...

Он поставил судей в исключительную зависимость от своей воли...

Он создал множество новых должностей и присылал к нам сомны чиновников, чтобы притеснять народ и лишать его средств к существованию...

Он в мирное время содержал у нас постоянную армию без согласия наших легислатур...

Он стремился превратить военную власть в независимую и более высокую по отношению к гражданской власти...» И т. д.

Но в том же самом был повинен и президент Линкольн. И не только в том, в чём обвиняли отцы-основатели Соединённых Штатов английского монарха.

Георг III не создал в своих американских колониях тайной полиции, каковая была создана линкольновским государственным секретарём Уильямом Сьюардом. Опричники Сьюарда произвели тысячи арестов. Арестованным мог оказаться каждый, кто выражал несогласие с политикой Линкольна. Пастора в Александрии (штат

Вирджиния) арестовали за то, что он во время церковной службы не упомянул президента. В Новом Орлеане расстреляли человека, отказавшегося вывесить американский флаг. В мае 1861 года в Мэриленде состоялись специальные выборы на десять вакантных мест в Палату депутатов штата, и все десять выбранных депутатов были арестованы по подозрению в симпатиях конфедератам. Госсекретарь Сьюард сказал однажды послу английской короны в Вашингтоне лорду Лайонзу, что обладает большей властью, чем королева Виктория.

Больше других страдали от тайной полиции Сьюарда жители штата Нью-Йорк. Сьюард был губернатором этого штата (1838–42) и позже представлял ньюйоркцев в Сенате (1849–61). А кого лучше знаешь, того, вероятно, больше ненавидишь. Арестовывали в Нью-Йорке каждого, кто неосторожно высказывался о Линкольне: банкир Уолл-стрита и священник, торговец и полицейский, учитель и простой работяга — каждый мог оказаться за решёткой. Едва не попал в кутузку мэр Нью-Йорка Фернандо Вуд — когда предложил сделать Нью-Йорк «вольным городом». Форт-Лафайетт в Нью-Йоркском заливе называли «Американской Бастилией»: во время правления Линкольна туда сгружали политических заключённых.

Особую ненависть испытывали Линкольн и его сторонники к журналистам. Поход против прессы они начали с Нью-Йорка, где выходили десятки газет, статьи из которых перепечатывали газеты в других городах.

В мае 1861 года Почтовое ведомство получило распоряжение Белого дома прекратить доставку газет, печатавших редакционные статьи против войны. Эта мера вела к снижению тиражей каждой провинившейся газеты, поскольку в то время существовал только один вид доставки — почта. Снижение тиража означало для многих газет закрытие. Издатель и редактор *New York Daily News* Бен Вуд (брат нью-йоркского мэра) обратился к услугам частных развозчиков. В ответ Белый дом приказал федеральным маршалам конфисковывать *Daily News* во всех городах северных штатов. Газета была вынуждена объявить банкротство.

Редактор *Brooklyn Eagle* обещал не публиковать антивоенных статей, и газета получила возможность продолжать свою жизнь. Так поступали и многие другие редакторы. Протестовавших сажали за решётку. Редактор *New York Freeman's Appeal* Джеймс Макмастерс попал в Форт-Лафайетт. К сентябрю 1861 года в штате Нью-Йорк не осталось ни одной газеты, которая бы выступала против войны. Закрыты были газеты в Чикаго, Филадельфии, Балтиморе, Дэйтоне (штат Огайо)...

Попал в тюрьму балтиморский журналист Фрэнсис Ки Ховард — внук Фрэнсиса Скотта Ки, автора стихотворения «Усеянное звёздами знамя», которое было положено на музыку и стало Государственным гимном. Ки написал стихи в 1814 году после того, как англичане взяли его в плен во время англо-американской войны. Рано утром пленный Ки увидел сквозь дым пожара развивающийся звёздно-полосатый флаг, что и вдохновило его. Спустя почти полвека за решёткой оказался его внук-журналист. Но пленён он был не иностранной державой, а своим собственным правительством — за критику решения президента Линкольна вторгнуться в Конфедерацию, не испросив на то одобрение Конгресса. Ховард оказался в тюрьме — без суда.

Борьба администрации Линкольна с диссидентами не ограничивалась арестом редакторов и закрытием газет.

Власти направили отряд солдат в издававшуюся в Вашингтоне газету *Democrat Standard*, и они полностью разрушили журналистский офис и типографию. Эта газета не выступала против войны. Её «преступление»? Газета напечатала статью об ошибках командования армии Союза в первом сражении с конфедератами, в котором северяне были разбиты. По этой же причине была разгромлена в штате Мэн типография газеты *Bangor Democrat*. Камня на камне не оставили линкольнисты от типографий газет *Essex County Democrat* в Хаверхилле (Массачусетс), *Easton Sentinel* в Истоне (Пенсильвания), *Chester Jeffirsonian* в Уэст-Честер (Пенсильвания), *Fairfield Farmer* в Фэйрфилде (Коннектикут).

2 февраля 1862 года федеральное правительство ввело обязательную цензуру всех сообщений, передаваемых по телеграфу на территории Соединённых Штатов.

Не существовало свободы печати и не существовало презумпции невиновности. Арестованных держали в тюрьме без суда и следствия. Аресту подлежал даже тот, кто отказался от «добровольной» службы в армии. Тысячи жителей северных штатов были отправлены в тюрьму за протесты против войны.

Внутренняя политика играла первостепенную роль в деятельности Линкольна как главнокомандующего. Ради победы он был готов превратить — и превратил — Конституцию в ничего не значащий документ. Конституции для него не существовало. Тем самым Линкольн заложил основу военного президентства. Полвека спустя Вудро Вильсон легко нарушал Конституцию после вступления США в Первую мировую войну. Принятый в 1918 году Закон о подстрекательстве (Sedition Act) однозначно нарушал Первую поправку, но Вильсон, историк по образованию, не видел в этом ничего предосудительного. Франклин Делано Рузвельт ввёл драконовскую цензуру со вступлением США во Вторую мировую войну и отправил за колючую проволоку — без суда и следствия — 120 тысяч японцев, более половины которых были американскими гражданами...

Как главнокомандующий, Линкольн отправлял в отставку каждого, кто, по его мнению, не соответствовал занимаемой должности. В январе 1862 года он отказался от услуг военного министра Саймона Камерона и поставил во главе министерства Эдвина Стэнтона... В ноябре того же 62-го Линкольн уволил командующего Потомакской армией генерала Джорджа МакКлеллана...

В сентябре 1863 года Линкольн уволил генерала Джеймса Риплая, ведавшего поставками оружия и боеприпасов. Президент отправил 69-летнего Риплая на заслуженный отдых за то, что тот не поощрял приобретения армией нового — усовершенствованного — оружия. Конкретным поводом для увольнения послужило нежелание Риплая ускорить закупку ружья системы Кристиана Шарпса. Ружейные фирмы начали выпускать это ружьё за несколько лет до войны, но военное ведомство не спешило его приобретать. Вскоре после начала войны Линкольну продемонстрировали на стрельбище ружьё Шарпса. Линкольн ружьё одобрил, и армия тут же приобрела около двух тысяч и сформировала два полка снайперов. Командиром 1-го полка стал нью-йоркский инженер-механик Хайрем Бердан, получивший звание полковника. Война ещё продолжалась, когда он взялся за совершенствование оружия, и результатом его работы была винтовка с откидным затвором. Винтовка Бердана — или просто берданка — стала одной из популярнейших в мире. В Соединённых Штатах её часто называли "Russian musket" («русский мушкет»), поскольку помощниками полковника Бердана были командированные в Америку русские офицеры Александр Петрович Горлов и Карл Иванович Гуниус. Берданка была принята на вооружение русской армии в 1868 году.

Война велась на Востоке и Западе. Западный театр военных действий — Теннесси, Кентукки, Миссури — внимание Линкольна не привлекал. Судьба войны, считал он, решалась на Восточном театре — в Вирджинии, Мэриленде и Пенсильвании. Далеко не все генералы соглашались с Линкольном. Президент убеждал сомневающихся не словом, а приказом. Но вот когда встал вопрос о командующем всей армией, Линкольн назначил Улисса Гранта, воевавшего на Западе, а не на Востоке. Сомневавшихся в выборе президента, оглашённом 2 марта 1864 года, было немало. Ход войны доказал: Линкольн не ошибся в выборе. Генерал Грант довёл войну до победы.

Линкольн начал войну с целью спасти Соединённые Штаты от раскола. В разгар войны он объявил ещё одну цель — покончить с институтом рабовладения, и результатом войны стали 13-я, 14-я и 15-я Поправки к Конституции. Таким образом были достигнуты обе поставленные Линкольном цели. Он, военный президент, вышел победителем. Заслуживают ли осуждения его действия и распоряжения времён войны?

Распространено мнение: победителей не судят. Легенда приписывает эти слова Екатерине II, которая будто бы написала «Победителей не судят» в 1774 году на рапорте фельдмаршала Румянцева, который намеривался привлечь к суду генерала Суворова, нарушившего его приказ во время войны с Турцией. В Российской империи матушка-императрица обладала правом решать, кого судить и кого миловать. У английского короля Георга III было право решать проблемы тринадцати североамериканских колоний, и он лишился такого права 4 июля 1776 года. У президента Соединённых Штатов Америки не было безграничных прав. Его права ограничивала Конституция. Он имел право помиловать или не помиловать, но не более.

26 декабря 1862 года Линкольн одобрил массовую казнь — крупнейшую в истории страны. Предыстория этого варварства такова.

В 1851 году индейцы Сиу продали в Миннесоте федеральному правительству 24 миллиона акров земли. Спустя 11 лет тысячи белых поселенцев стали размещаться на этой земле, но к тому времени индейцы не получили и тысячной доли из 1 миллиона 410 тысяч долларов, обещанных правительством за покупку. Власти штата Миннесота отказывались выполнять условия сделки. В ответ индейцы взялись за оружие. Линкольн направил против восставших армию во главе с генералом Джоном Поупом. В октябре 1862 года индейцы были побеждены. Поуп захватил сотни военнопленных, в их числе женщин и детей. Суд над каждым пленным занимал у военных трибуналов от 10 до 15 минут. Всех мужчин признали виновными и приговорили к смерти. Всего были приговорены к высшей мере 303 индейца. Власти Миннесоты хотели незамедлительно привести приговоры в исполнение. Однако Линкольн опасался, что массовая казнь вызовет отрицательную реакцию в Англии и во Франции, всё ещё размышлявших о признании Конфедерации. Президент решил, что будет достаточно казнить 39. И Линкольн разрешил федеральным войскам изгнать из штата всех индейцев до единого. 39 были повешены, хотя вина ни одного из них не была доказана.

Улисс Грант —
победоносный генерал

9 апреля 1865 года командующий Северовирджинской армией генерал Роберт Ли принял предложение командующего армией Союза генерала Улисса Гранта о капитуляции. Ли подписал капитуляцию в вирджинском местечке Аппоматтокс. И хотя война ещё продолжалась — она закончилась только 26 апреля, когда сложила оружие армия генерала конфедератов Джозефа Джонсона, — 9 апреля принято считать официальной датой окончания Гражданской войны — самой кровопролитной в истории Соединённых Штатов. Как каждая война, и эта родила героев. Одним из них был Грант. Военная популярность гарантировала ему победу на президентских выборах в 1868 году.

«В этом выборе немалую роль сыграла параллель между Грантом и Вашингтоном, которая напрашивалась сама собой, — писал историк Генри Адамс (правнук второго президента, внук шестого, сын и личный секретарь американского посла в Лондоне во время войны). Всё было ясно как божий день. Грант — это порядок. Грант — солдат, а солдат — всегда порядок. Говорят, он горяч и пристрастен, — пусть! Генерал, который распоряжался и командовал полумиллионом, если не целым миллионом солдат на поле боя, сумеет управлять».

Грант вошёл в историю как один из худших президентов и как один из лучших военачальников. Не было бы войны — не было бы не только президента Гранта, но и генерала Гранта. В 1854 году, за семь лет до начала войны, он, 32-летний, уволился из армии в чине капитана, не подозревая, что когда-нибудь снова облачится в военный мундир. Уволился потому, что запил, а запил потому, что в далёкой гарнизонной службе тосковал по жене-красавице Джулии.

Одним из друзей Гранта в Военной академии Вэст-Пойнт был Фредерик Трэси Дент. На последнем курсе они жили в одной комнате, были, как говорят американцы, «рум-мейтами». Они окончили Академию в 1843 году, и лейтенанта Гранта распределили на военную базу, находившуюся неподалёку от Сент-Луиса, в пяти милях от плантации Уайт-Хэвен, принадлежавшей отцу Дента — рабовладельцу, успешному торговцу, владельцу одного из первых пароходов на реке Миссисипи. Его дочь Джулия училась в частной школе для девочек из привилегированных семей, была отличницей в классах рисования и пения.

Время от времени лейтенант Дент приглашал офицеров отдохнуть в семейном имении. Там-то 22-летний Грант и познакомился с 18-летней Джулией. Грант был единственным из офицеров, который никогда не танцевал. Он обычно подпирал стенку, наблюдая за танцующими парами. Джулия, не пропускавшая ни одного танца, обратила внимание как раз на этого офицера.

Однажды, согласно легенде, Грант и Джулия ехали в бричке. Шёл проливной дождь и, приблизившись к мостику через ручей, они обнаружили, что мостик залит водой. Джулия опасалась, что несущийся поток смоет бричку с моста. Грант успокоил её: ничего страшного не случится. «Что бы ни произошло, я буду на вас опираться», — сказала Джулия. Когда они переехали мост, Грант спросил: «Не хотите ли опираться на меня всю оставшуюся жизнь?»

Отец Джулии был против брака дочери с военным, поскольку знал, что кадровых офицеров отправляют служить в медвежьи углы. Джулия отца не послушалась. Она вышла замуж за Гранта в августе 1848 года, когда тот вернулся с Мексиканской войны. Свадьба состоялась на плантации Уайт-Хэвен. Отец жениха Джесси Грант, принципиальный противник рабовладения, отказался присутствовать.

Отец Джулии знал, что говорил, предупреждая дочь против брака с офицером. Первые годы замужней жизни она провела на военной базе Сакетс-Харбор на озере

Улисс Грант

59

Онтарио, в северо-западном углу штата Нью-Йорк, и на военной базе в Детройте, который в то время был захолустьем... Когда же Гранта отправили в 1852 году служить на другой конец страны — в Форт-Ванкувер, Джулия с двумя сыновьями — двухлетним Фредериком и с только что родившимся Улиссом-младшим — вернулась на отцовскую плантацию. Муж, уже капитан, оказавшись в мужской компании и тоскуя по жене, стал всё чаще и чаще прикладываться к бутылке. Однажды он пропил всю месячную зарплату и буянил в общественном месте. Это переполнило терпение его непосредственного начальника подполковника Роберта Бьюкенена. Он посоветовал капитану уволиться из армии, дабы избежать дисциплинарного взыскания... 11 апреля 1854 года 32-летний Грант стал гражданским лицом и вскоре вернулся к жене на плантацию Уайт-Хэвен.

Семь лет — с весны 1854 года до весны 1861-го, когда началась Гражданская война, — историки считают худшими в жизни Гранта. За что бы он ни брался, во всём терпел неудачу. Первую потерпел как фермер. Тесть выделил зятю 60 акров, но собранный урожай не окупил расходов на выращивание. Сказалась случившаяся в стране сельскохозяйственная рецессия. Забросив сельское хозяйство, Грант занялся в Сент-Луисе торговлей недвижимостью и профукал вложенные в дело деньги... Всё валилось у него из рук... А семья росла. В 1855 году родилась дочь Эллен, ещё через три года — сын Джесси...

Можно только гадать, как сложилась бы жизнь Улисса Гранта, если бы не Гражданская война... Он начал войну полковником, через год ему присвоили чин генерал-майора. Не все конгрессмены восприняли с энтузиазмом получение Грантом генеральского звания. Один из них сказал президенту Линкольну: «Он пьяница!» Линкольн не полез за словом в карман: «Скажите мне, что предпочитает пить Грант, и я прикажу выдать каждому генералу по бочке того же!»

Генерал Грант воевал на Западе и побеждал. Взятие его армией в феврале 1862 года Форта-Донельсон (в Теннесси на границе с Кентукки) — первое крупное поражение конфедератов — открыло путь для вторжения на Юг. Захват Форта принёс ему прозвище «Генерал Безоговорочная Капитуляция» (Unconditional Surrender). Он стал героем северян. Но в конце победоносного для Гранта 1862-го произошло нечто, что оставило негативный след в его биографии. 17 декабря генерал Грант издал Приказ № 11, согласно которому все евреи должны были убираться в течение 24 часов с подчинённой ему территории — так называемого Департамента Теннесси, включавшего районы штатов Теннесси, Кентукки и Миссисипи. Причина? «Евреи, — говорилось в приказе Гранта, — это класс, нарушающий все правила торговли, установленные министерством финансов».

Правила были введены вскоре после начала войн с целью закрыть Конфедерации пути для продажи своей продукции. Порты южных штатов блокировались, на сухопутных границах были установлены пропускные посты. Ну а где практикуется какой-либо торговый запрет, всегда найдутся его нарушители, и нашлись, разумеется, таковые — как жители северных штатов, так и жители южных. Чёрный рынок процветал. Грант, возмущённый неспособностью северян покончить с незаконной торговлей, решил бороться с нею в тех местах, где базировалась его армия.

Занимались ли евреи незаконной торговлей? Да. Но не только они. Однако гнев Гранта обрушился только на евреев. Его предубеждения против евреев спровоцировал один семейный эпизод.

В первых числах декабря 1862 года Джесси Грант, 68-летний отец генерала, навестил сына в Оксфорде (штат Миссисипи), где базировалась штаб-квартира армии генерала. Навестил не один. Приехал вместе с партнёрами по бизнесу — тремя братьями-евреями Мак, жителями Цинциннати, где у них была пошивочная фабрика. Старший Грант обещал братьям попросить сына выписать им разрешение (permit) на перевозку хлопка из южных штатов. Генерал радушно принял гостей, но взорвался, как только узнал о цели их приезда. Отношения с отцом у него давно были натянуты, но он и подумать не мог, что отец решит воспользоваться фамилией Грант для нарушения закона... Генерал посчитал, что три брата-еврея втянули отца в «заговор». Через несколько дней после их отъезда он выпустил Приказ № 11.

Приказ о выселении был адресован всем евреям Департамента Теннесси — мужчинам и женщинам, старикам и детям. И был отменён по личному распоряжению Авраама Линкольна — благодаря купцу Цезарю Каскелу, жителю города Падука (штат Кентукки). Он отправил президенту телеграмму, назвав Приказ № 11 «грубейшим нарушением Конституции и прав добропорядочных граждан». Телеграммой Каскел не ограничился. Он приехал 3 января 1863 года в Вашингтон и добился встречи с Линкольном. 17 января Грант отменил объявленный месяцем раньше Приказ.

В 1868 году, в ходе первой президентской избирательной кампании, Грант публично извинился за Приказ: «У меня нет предубеждения ни к каким расам, и я хочу, чтобы каждого оценивали по его собственным заслугам. Приказ № 11 не поддерживает это моё заявление, что я всецело признаю, но и я больше абсолютно не поддерживаю этот приказ».

Он стал первым президентом, назначавшим евреев в федеральные учреждения. На расследование еврейских погромов в Румынии он назначил дипломата-еврея. Он стал первым президентом в истории, который присутствовал на открытии и освящении синагоги, это было в Вашингтоне 9 июня 1876 года...

«Во время его правления евреи перешли от статуса аутсайдера к статусу инсайдера в Соединённых Штатах», — пишет историк Джонатан Сарна в книге «Когда генерал Грант изгнал евреев» ("When General Grant Expelled the Jews")...

Улисс Грант закончил войну 9 апреля 1865 года в чине генерал-лейтенанта. Через год — в июле 1866-го — он стал первым в Америке после Джорджа Вашингтона генералом армии. Этот чин Грант получил от президента Эндрю Джонсона. Джонсон унаследовал президентский пост у Авраама Линкольна, смертельно раненного 14 апреля 1865 года в вашингтонском театре «Форда». Могло случиться, что в ложе театра вместе с Линкольном и его женой были бы Грант с супругой Джулией. Они были приглашены Линкольнами на комедию «Наш американский кузен». Джулия отклонила приглашение, поскольку не питала симпатий к Мэри Тодд Линкольн. А что если бы вместе с Линкольнами в ложе были Гранты? Может быть, генерал сумел бы предотвратить убийство президента? Или смог бы тут же схватить Джона Бута и не позволить ему прыгнуть из ложи на сцену, а затем скрыться? Но, как мы знаем, история не имеет сослагательного наклонения...

Грант пережил Линкольна на двадцать лет, умер 23 июля 1885 года. Траурная процессия в Манхэттене собрала полтора миллиона человек. В Нью-Йорк приехали тысячи ветеранов Гражданской войны. Смерть Гранта объединила бывших противников. Гроб с телом президента-генерала несли 8 августа 1885 года генералы Уильям Текумсе Шерман и Филип Шеридан, сражавшиеся за Союз, и генералы Симон Боливар Бакнер и Джозеф Джонсон, сражавшиеся за Конфедерацию.

Единственной посмертной волей Гранта было желание быть похороненным вместе с женой, поэтому его не могли хоронить ни на Арлингтонском кладбище, ни на кладбище Военной академии Вест-Пойнта, ни на каком военном кладбище. Через несколько часов после смерти Гранта мэр Нью-Йорка Уильям Грейс послал вдове письмо с соболезнованиями, в котором предложил похоронить Гранта в Нью-Йорке, где он жил все последние годы.

Джулия согласилась — вопреки мнению многих видных сограждан, которые считали, что Гранта следует похоронить в Вашингтоне. Она выбрала местом захоронения манхэттенский район Риверсайд и публично объяснила: «Риверсайд был выбран мной и моей семьёй в качестве места захоронения моего мужа, генерала Гранта, во-первых, потому что я полагала, что Нью-Йорк был его предпочтением. Во-вторых, я надеюсь, что это место рядом с резиденцией, где я буду жить и где я смогу часто посещать его место упокоения. В-третьих, я верю, что его могилу посетит столько же его соотечественников, сколько и в любом другом месте. И в-четвертых, предложение парка в Нью-Йорке было первым, в котором соблюдалось и безоговорочно соглашалось единственное условие, наложенное самим генералом Грантом, а именно то, что я должна быть похоронена рядом со своим мужем».

Был сформирован комитет, объявивший конкурс на создание мемориала. Председателем комитета стал 21-й президент Честер Алан Артур. Деньги на строительство пожертвовало 90 тысяч человек со всего мира, было собрано порядка 600 тысяч долларов США — крупнейшее к тому времени в истории пожертвование. И был объявлен конкурс на проектирование. Его выиграл в 1890 году архитектор Джон Дункан.

Торжественное открытие мемориала президентом Уильямом Мак-Кинли было приурочено к 75-й годовщине рождения Гранта — 27 апреля 1897 года... С тех пор Мавзолей Гранта стал одним из самых посещаемых туристами мест в Нью-Йорке.

В 1902 году внутри Мавзолея рядом с гранитным саркофагом генерала-президента был установлен саркофаг с телом его супруги.

После смерти мужа Джулия Грант стала близкой подругой Варины Дэвис, вдовы президента Конфедерации Джефферсона Дэвиса.

Генерал Шерман:
военный преступник
во главе армии пролетариев

«Последняя война джентльменов», — сказал о Гражданской войне Уинстон Черчилль. Великий англичанин был прав лишь частично. Война Севера и Юга действительно началась как война джентльменов, чему есть множество опубликованных свидетельств. Есть также передаваемые из уст в уста, и некоторые из числа таковых не подтверждаются.

Общеизвестный факт: в бейсбол играли и северяне, и южане, играли и в перерывах между сражениями — а перерывы были всегда, иногда многонедельные; играли и в лагерях для военнопленных — северяне в плену у конфедератов, конфедераты — у северян. Всё это документировано, существуют рассказы очевидцев — как свидетелей, так и участников. А встречались ли в бейсбольных поединках северяне против южан? Говорят, да, встречались. Гражданская война породила множество легенд, и, может быть, военное — бейсбольное — братание северян и южан — всего лишь легенда? Может быть...

Но есть немало неоспариваемых фактов мирного общения между враждующими. Они обменивались новостями: янки с интересом читали ричмондские газеты, конфедераты — нью-йоркские... Едва ли не правилом стал обмен кофе, бывший в достатке у северян, на табак, который всегда водился у южан...

В практику вошли состязания полковых оркестров: базирующиеся неподалеку друг от друга южане и северяне играли и для своих, и для врагов.

У каждой из враждующих сторон были свои песни, баллады, марши. Были и общие. Самая популярная — песня «Лорина» ("Lorena") о неразделённой любви. Её пели и южане, и северяне. Иногда полевые командиры запрещали петь «Лорину», считая, что эта песня подрывает боевой дух.

На поле боя благородство брало, случалось, верх над враждой. Только один пример: в ходе Геттисбергского сражения, ставшего в первых числах июля 1863 года переломным в войне на Восточном театре боевых действий, снайпер южан увидел на «ничейной» земле раненого северянина. «Эй, янки, придержите-ка огонь!» — закричал он. Затем спрыгнул с дерева, подошёл к раненому, протянул ему свою флягу. После этого он влез на дерево и закричал: «Янки, можно продолжать!»

«Война джентльменов» закончилась вскоре после Геттисбергского сражения. Заканчивалась она постепенно. Последним её днём следует считать 30 июля 1863 года. В этот день Авраам Линкольн издал приказ, ставящий точку на обмене военнопленными. Формальный повод был: Конфедерация отказывалась обменивать пленных чернокожих, считая их не военнопленными, а беглыми рабами (fugitive slaves). Но истинная причина была иной. К этому времени армия Конфедерации уже стала испытывать недостаток в живой силе, на счету был каждый здоровый мужчина, и большинство освобождённых из плена конфедератов немедленно возвращались в действующую армию. А у северян было достаточно людских резервов, большинство освобождённых северян не возвращалось, если не были офицерами. Президент Линкольн не желал оказывать помощь врагу в пополнении армии и запретил обмен военнопленными.

Генералы северян Филип Шеридан и Уильям Текумсе Шерман ввели в практику тотальную войну, в которой безжалостно уничтожалось всё на территории противника. Первым был Шеридан. В августе-сентябре 1864 года его армия громила и сжигала всё в долине Шенандоа — житнице Вирджинии. Она не щадила ничего и никого, что попадалось на пути, не делала различия между военными и гражданским населением. Примеру Шеридана последовал Шерман на пути из Атланты в Саванну, а затем из Саванны в Колумбию — столицу Южной Каролины.

«Марш к морю» ("March to the Sea") — так называют начавшийся 15 ноября в Атланте и завершившийся 21 декабря в Саванне поход армии Шермана.

«Я осмелюсь преподнести вам город Саванну как рождественский подарок», — телеграфировал Шерман президенту Линкольну.

«Большое, большое спасибо за ваш рождественский подарок», — отвечал президент, не преминув добавить, что испытывал тревогу, когда Шерман отправился в поход из Атланты к Атлантическому побережью.

Линкольн беспокоился понапрасну: 60-тысячной армии Шермана противостояла армия конфедератов, не превышавшая 13 тысяч. Северяне редко встречали сопротивление. Серьёзных боёв не было. Поход получился почти бескровным — если сравнивать с многосотты-сячными потерями обеих сторон в ходе войны. Наступая широким — до 60 миль — фронтом, северяне потеряли убитыми на 250-мильном пути от Атланты до Саванны меньше тысячи человек. Потери южан не превысили 2500, что также не идёт ни в какое сравнение с общим числом убитых и раненых в этой войне.

О «Марше к морю» написаны горы книг. Анна Сара Рубин, профессор истории в Университете Мэриленда, назвала свою книгу так: «Сквозь сердце Дикси» ("Through the Heart of Dixie"). Дикси — это южные штаты, Джорджия и Южная Каролина были их сердцем. Книга Рубин о том, как армия Шермана шагала сквозь сердца. Автор цитирует воспоминания солдат, офицеров и генералов армии Шермана, и воспоминания южан, в том числе освобождённых от рабства негров.

Воспоминания победителей — самые, на мой взгляд, интересные. Ведь побеждённые всегда всё видят в непривлядном свете, часто сгущают краски, и их можно понять. Иное дело победители. Северяне, пишет Рубин, вспоминали «Марш к морю» как «пикник, веселье, время хорошей еды и коротких переходов».

Перед началом «Марша к морю» Шерман издал приказ, в котором указал, что и как должна делать армия на пути из Атланты в Саванну и чего не должна делать. В одном из разделов приказа говорилось, в частности, о заготовке пропитания: «Во время марша армия будет добывать продовольствие свободно. Командир каждой бригады сформирует под руководством одного или нескольких благоразумных офицеров добротную и эффективную продовольственную команду, которая будет запасать

Уильям Текумсе Шерман

продовольствие по пути следования... Солдаты не должны входить в жилые дома и нарушать чужое право владения...»

Таким был приказ. Те, кому он был адресован, выполняли лишь одно предписание: «добывать продовольствие свободно» ("forage liberally"). Всё остальное они игнорировали.

«Война — это часто хорошо организованный грабёж», — писал участник марша Адам Бодю, служивший в штабе Шермана, которого цитирует Рубин. Он знал, о чём писал.

«Марш к морю» породил термин, который ранее никогда не употреблялся в применении к солдатам. "Bummer" — так называли себя грабители. На русский "bummer" переводится как «бездельник», «лентяй», «лодырь». Но это совсем не характеризует занятия «баммеров Шермана», как они гордо называли себя. Они не были лодырями, когда грабили, и вовсе не бездельничали, когда мародёрствовали и насиловали. И «баммерами» гордились их начальники.

«Я не сомневаюсь, что шермановские баммеры будут чтимы и через сто лет во время празднования Четвёртого июля», — сказал в 1869 году, спустя четыре года после окончания Гражданской войны, генерал Эдвард Нойес, которого цитирует Анна Сара Рубин.

Вот как описывает Маргарет Митчелл в романе «Унесённые ветром» мародёрство баммеров в доме героини романа Скарлетт О'Хара:

«Одни солдаты, толкая друг друга, бросились вверх по лестнице, другие стали вытаскивать мебель на крыльцо и вспарывать штыками и ножами обивку кресел, ища спрятанные драгоценности. Наверху они также вспарывали тюфяки и перины...

Сержант — кривоногий, маленький, седоватый, с куском жевательного табака за щекой — подошёл к Скарлетт, опередив своих солдат, смачно сплюнул на пол и частично ей на подол и сказал:

— Дайте-ка сюда, что это тут у вас, барышня.

Она забыла, что всё ещё держит в руке безделушки... швырнула их на пол, и последовавшая из-за них алчная схватка солдатни доставила ей злорадное удовольствие...

В верхних комнатах слышен был топот сапог, негодующий скрип передвигаемой мебели, звон разбиваемого фарфора и зеркал, грубая брань, изрыгаемая, когда ничего не удавалось обнаружить...

В кухне, слабо освещённой одним маленьким оконцем, ничего нельзя было разглядеть из-за густых клубов дыма... Кто-то вытащил из топившегося очага горящие поленья, разбросал их по всей кухне, и сухой, как трут, сосновый пол мгновенно занялся...»

А вот ещё одна сцена (она есть и в кинофильме, снятом по роману): в дом Скарлетт О'Хара (в её роли — Вивьен Ли) явился непрошенный гость... «Плотный мужчина в полурасстёгнутом синем мундире; у него было грубое лицо и неопрятная чёрная борода. Маленькие, близко посаженные глазки, щурясь от солнца, спокойно разглядывали дом... Он появился в дверях столовой, весь подобравшись, как для прыжка: в одной руке у него был пистолет, в другой — маленькая шкатулочка розового дерева со швейными принадлежностями: золотым напёрстком, корундовым жёлудем с золотой шапочкой для штопки и ножницами с позолоченными колечками...»

Солдаты армии Шермана занимались не только мародёрством и грабежами. Они убивали коров и свиней, которых были не в состоянии угнать, сжигали жилые дома и фермы. Они разрушили сотни миль железнодорожного полотна, снесли тысячи телеграфных столбов. Они ещё и насиловали. «Единичные факты свидетельствуют о насилиях над белыми женщинами, но многим чёрным женщинам повезло меньше», — пишет Рубин.

«Шермановскими часовыми» называли южане дымовые трубы, оставшиеся стоять после того, как сгорали дома. «Шермановскими галстуками» называли изуродованные рельсы, которые разогревали до накала и скручивали в петли, чтобы дорогу было невозможно восстановить.

Здесь шагала армия генерала Шермана

Из Саванны армия Шермана направилась к столице Южной Каролины Колумбии, оставляя за собой выжженную землю. О том, во что превратили Колумбию баммеры Шермана, мы знаем с абсолютной достоверностью от очевидца — писателя, журналиста, историка Уильяма Гилмора Симмса. «Город, лежащий в развалинах: захват, разграбление и разрушение города Колумбия» ("A City Laid Waste: The Capture, Sack, and Destruction of the City of Columbia") — так он назвал дневник событий, свидетелем которых был.

Сегодняшнему американцу Симмс мало известен. А в XIX веке его знала вся читающая Америка. Его популярность зашкаливала. Просвещённая публика читала его не меньше, чем Джеймса Фенимора Купера, Вашингтона Ирвинга, Эдгара По... На Юге он был писателем номер один. Симмса широко переводили, в том числе и в России.

Рождённый в Чарльстоне, Симмс перебрался в Колумбию задолго до Гражданской войны. Знал и любил столицу штата — город, вбиравший в себя всё новое, что рождалось: железная дорога, телеграф, водопровод... Кол-

73

ледж Южной Каролины стал в 1854 году первым в стране высшим учебным заведением, которое полностью финансировала казна штата… Библиотека Колледжа насчитывала в начале 60-х больше книг, чем библиотеки Принстонского и Колумбийского университетов… Женский колледж существовал в Колумбии с 1829 года… Армия Шермана ничего не пощадила. Всё было сожжено и разрушено. Чем величественнее было здание, тем большую ненависть оно вызывало…

«Джорджия будет стонать», — предсказал «джентльмен» Шерман перед началом «Марша к морю». Стонала и Южная Каролина. Много лет спустя Шерман сказал: «Война — это ад». Он знал, о чём говорил.

Шерман воевал отнюдь не для освобождения чёрных рабов. Он считал негров низшей расой, говорил об этом публично и был абсолютно откровенен в письмах родным. «Все парламенты на земле не могут сделать негра чем-либо иным, чем он является; он должен подчиняться белому человеку», — писал Шерман жене в 1860 году, когда был начальником Военной академии в Александрии, что в штате Луизиана, где рабовладение было узаконено. «Мы (с женой) подумываем о том, чтобы купить ниггера», — писал Шерман брату жены. И он говорил о своей готовности помочь южанам «защитить себя против негров и аболиционистов». Но когда южные штаты начали выходить из Союза и создали Конфедерацию, Шерман подал в отставку. Он был готов сражаться за единство Соединённых Штатов Америки. Целостность Союза была для него свята. Но он всегда был против зачисления негров в армию. В армии, маршировавшей к морю и разрушавшей Колумбию, чернокожих солдат не было.

«Янки больше беспокоились о том, чтобы украсть, чем о святой войне за освобождение бедных африканских рабов», — цитирует Рубин Генри Дженкинса, бывшего рабом на плантации в Южной Каролине и освобождённого армией Шермана. В начале 30-х годов XX века 87-летний Дженкинс вспоминал на встречах с молодыми журналистами, что янки отбирали продукты питания и у белых, и у чёрных.

Преступления, которые творили янки, нельзя объяснить ни желанием сохранить в неприкосновенности Союз, ни стремлением освободить чёрных рабов. Как объяснить беззакония шермановских баммеров?

В середине XIX века Соединённые Штаты состояли фактически из двух разных государств, и их разделяло не только отношение к рабовладению. В городах индустриального Севера основную массу работающих составлял пролетариат. У этих людей не было своей недвижимости — домов и квартир, жили они скученно, вкалывали за гроши, а когда началась война, составили большинство солдат в армии Союза. Абсолютное же большинство солдат в армии Юга были собственниками, трудились на себя, хотя рабами владели немногие, а крупные плантации были у единиц. Но даже беднейшие из них, работавшие по найму, которых презрительно называли "white trash" («белый мусор»), воспитывались с детских лет в уважении к чужой собственности.

Северяне испытывали к южанам классовую ненависть, но в начале войны, когда шли тяжёлые бои, пролетариату было не до грабежей. А «Марш к морю» и поход по Южной Каролине представляли собой пикник, где жизнь солдат не была в опасности, и… И пролетариат дорвался до усадеб. Богатых усадеб — таких как Тара, принадлежавшая семье О'Хара, — на всех, конечно, не хватало. Оставались тысячи обычных для Юга домов. Но с точки зрения люмпенов, привыкших жить в городских клоповниках, эти дома были дворцами.

«Как американская Война за Независимость положила начало эре господства среднего класса, так американская война против рабства положит начало эре господства рабочего класса», — писал 7 января 1865 года секретарь Первого Интернационала Карл Маркс президенту США Аврааму Линкольну, «преданному сыну рабочего класса», подчеркнул он.

Но американский рабочий класс не был готов к такому развитию событий. Войну против богачей он ограничил грабежами, поджогами, разрушениями, насилием.

Вскоре после Гражданской войны генерал Шерман возглавил военный округ Миссури, который раскинулся на громадной территории — от реки Миссисипи до Скалистых гор. Здесь Шерман воевал не с конфедератами, а с индейцами, которые, как сказал он однажды, «враждебны и останутся такими, пока не будут убиты».

Отто Эйзеншимль, автор интереснейшего исследования «Скрытое лицо Гражданской войны» ("The Hidden Face of the Civil War"), которое многие историки считают спорным (controversial), высказал бесспорное, на мой взгляд, мнение о Шермане. В книге, написанной спустя 18 лет после Нюрнбергского процесса, он сравнил Шермана с нацистскими военными преступниками, жизни которых кончились на виселице.

Джефферсон Дэвис — президент, проигравший войну

На рассвете 12 апреля 1861 года генерал конфедератов Пьер де Борегар отдал приказ об обстреле форта Самтер, расположенного у входа в Чарльстонскую бухту. Это были первые выстрелы Гражданской войны.

Генерал Борегар руководствовался приказом президента Конфедерации Джефферсона Дэвиса: если гарнизон Самтера не сдастся добровольно, форт следует захватить силой, ибо он находится на территории Конфедерации. Командир гарнизона майор Роберт Андерсон отказался сдаваться, и артиллерия конфедератов начала обстрел. После 30-часового обстрела гарнизон Самтера — 127 человек, убитых не было — сложил оружие. В ответ президент США Авраам Линкольн объявил о призыве в армию 75 тысяч добровольцев — для вооружённого подавления мятежа южных штатов, образовавших Конфедерацию Соединённых Штатов. Вслед за решением Линкольна четыре южных штата — Вирджиния, Северная Каролина, Теннесси и Арканзас — присоединились к семи мятежным.

Джефферсон Дэвис был избран президентом 9 февраля 1861 года на конвенте в Монтгомери (Алабама) представителями штатов, к тому времени уже вышедших из состава Союза. Дэвиса на этом собрании не было. Об избрании он узнал из телеграммы.

«Прочитав телеграмму, он выглядел таким убитым, что я испугалась, не свалилось ли на нашу семью какое-то несчастье, — вспоминала годы спустя его жена Варина. — Через несколько минут он сказал мне, в чём дело, с видом человека, говорящего о своём смертном приговоре».

Кумирами Дэвиса были Томас Джефферсон (в честь которого его отец, солдат Революционной армии в Войне за независимость, назвал младшего — десятого — ребёнка) и Джеймс Мэдисон, отстаивавшие права штатов и выступавшие против узурпации власти центральным правительством. Дэвис поддерживал суверенитет каждого штата и его безусловное право на выход из Союза, хотя лично он был против раскола страны. Дэвис говорил об этом открыто и писал в двухтомных мемуарах «Взлёт и падение правительства Конфедерации» ("The Rise and Fall of the Confederate Government"), вышедших в свет через 15 лет после окончания войны.

Дэвис сделал блестящую политическую карьеру и был самым заметным политиком в южных штатах. Закончил в 1828 году Военную академию Вест-Пойнт; служил в армии; в 1846-м был избран в Палату представителей; в том же году отправился — добровольцем — на войну с Мексикой; в конце 1847-го стал депутатом Сената; в марте 1853-го был назначен военным министром; в ноябре 1857-го вернулся в Сенат — до 21 января 1861 года.

«Сегодня самый грустный день в моей жизни», — сказал 52-летний сенатор Дэвис, обращаясь 21 января

1861 года к коллегам-депутатам верхней палаты с прощальной речью. Он не мог не уйти, поскольку Миссисипи, его штат, уже вышел из Союза. Он отправил губернатору штата Джону Петтусу телеграмму: «Решайте, где я нужнее для Миссисипи, и назначайте меня». Губернатор назначил Дэвиса командующим армией штата. Но на конвенте в Монтгомери Дэвиса избрали президентом Конфедерации. Избрали единогласно.

Как военный министр США, Дэвис способствовал укреплению армии, превращению её в эффективную боевую машину, которая (вот ирония судьбы!) спустя несколько лет сокрушила армию Конфедерации. Будучи военным министром, он отправил группу наблюдателей в Крым, где Россия сражалась с Британией, Францией и Турцией (в составе группы был будущий генерал армии северян Джордж Макклеллан)... Как депутат Сената США, Дэвис ратовал за строительство трансконтинентальной железной дороги, настаивал на расширении территории страны, выступал за свободную — без тарифов — торговлю. При его активном участии Конгресс принял закон о создании Смитсоновского института.

Дэвис дважды был женат. В 1835 году он женился на Саре Нокс Тейлор, с которой познакомился шестью годами ранее, когда служил на военной базе на территории Висконсин (тогда ещё не штат) под началом полковника Закари Тейлора. Лейтенант Дэвис полюбил младшую дочь командира. Отец не хотел, чтобы дочь выходила замуж за лейтенанта, поскольку знал о тяжестях армейской жизни. Его старшая дочь уже была замужем за военным. Но когда Дэвис объявил, что выйдет в отставку, отец не перечил. После бракосочетания молодожёны отправи-

Джефферсон Дэвис

лись в Луизиану в гости к сестре Дэвиса, и там заболели малярией. Спустя три месяца после замужества 21-летняя Сара скончалась...

Пути Дэвиса и Тейлора пересеклись ещё раз во время Мексиканской войны, в которой Дэвис служил под началом генерала Тейлора... Когда в 1848 году победоносный генерал Тейлор стал кандидатом в президенты от Партии вигов, Дэвис — в это время уже демократ — отказался от публичной поддержки кандидата своей партии. Виг Тейлор выиграл выборы...

Потеряв первую жену, Дэвис долго не мог прийти в себя. Спасала работа и чтение. Старший брат Джозеф, успешный плантатор, владевший 1700 акрами и более чем 300 рабами отдал младшему 800 акров и одолжил деньги на покупку десяти рабов... У старшего была громадная библиотека, крупнейшая частная библиотека в штате Миссисипи... Младший совмещал работу с чтением. Чтение юридических, экономических и политических текстов привело его в политику.

Если бы Дэвис не занялся политикой, то, быть может, не встретил бы Варину Хоуэлл — вторую жену. В 1840 году Дэвис побывал в Виксберге (Миссисипи) на собрании демократов, в 42-м демократы Виксберга избрали его делегатом на партийный съезд штата. В 44-м он снова поехал в Джексон, столицу штата, на собрание демократов, и встретил Варину — внучку губернатора штата Нью-Джерси Ричарда Хоуэлла. Она приехала в Джексон погостить у родителей её матери. 18-летней Варине вздумалось побывать на встрече демократов штата Миссисипи, и она попалась на глаза 35-летнему Дэвису. Через месяц после первой встречи Джефферсон Дэвис и Варина Хоуэлл обвенчались.

В 1845 году Дэвис выставил свою кандидатуру в Палату представителей и, победив на выборах, отправился в Вашингтон на сессию Конгресса. В 1846 году он голосовал за резолюцию о войне с Мексикой.

Когда конгрессмен Дэвис переступил порог Конгресса США, он — родившийся и выросший в Кентукки, учившийся в Военной академии в штате Нью-Йорк, служивший в армии в Мичигане и Висконсине — был до мозга костей южанином. Весьма состоятельным южанином. Согласно проводимой раз в десять лет — как повелевает Конституция — переписи населения, Дэвис владел в 1840 году 40 рабами, в 1860-м — 113. Но он не называл их рабами (slaves), это были слуги (servants). Первым был Джеймс Пембертон, служивший хозяину несколько десятилетий.

Выпускник Военной академии Дэвис отправился служить в далёкий Висконсин не один. С ним был Пембертон, которого отец молодого лейтенанта подарил сыну как помощника. В армии той поры у многих офицеров были слуги, и армия оплачивала их работу. Годовая зарплата лейтенанта Дэвиса составляла 834 доллара (это 34 тысячи в 2022 году), и он получал ещё 84 доллара для оплаты слуг. Пембертон оставался с Дэвисом до смерти в 1852 году.

На плантации Дэвиса Пембертон был управляющим. Он стоял у руля не только рабочего процесса. Торжества по случаю бракосочетаний и рождений, празднование Рождества, похороны — всё это входило в его обязанности. Ему надлежало следить за здоровьем слуг, вызывать, если требовалось, дантиста. Он разрешал — или запрещал — подчинённым что-то зарабатывать — то ли уходом за домашними животными, то ли огородами, то ли шитьём... Нарушителей порядка ждал суд, и признанных виновными ждало наказание. Правда, решающее слово принадлежало Дэвису; хозяин мог согласиться с приговором или сократить меру наказания.

«Дэвис был типом рабовладельца, который был наибольшим злом для крайне ревностного аболициониста, — пишет Роберт Пенн Уоррен в очерке „Джефферсону Дэвису вернули гражданство“ ('Jefferson Davis Gets His Citizenship Back') и объясняет: — Хозяин обращался со своими рабами прилично и, значит, стремился сделать рабство приемлемым как для раба, так и для моральной восприимчивости северной публики».

«Дэвис, — продолжает Уоррен (единственный Пулитцеровский лауреат как прозаик и как поэт), — понял, что эмансипация как таковая не творит чудес... Линкольн, певец „Прокламации эмансипации“, тоже прекрасно понимал это. Когда в конце Гражданской войны его спросили, что сделает бывший раб, он ответил: „Будет копать“ — отголосок старой поговорки „Будет копать землю или сдохнет“. Жаль, что мы не можем увидеть выражения на лице Линкольна и не слышим его голоса — циничная отстранённость или оскорбительный сарказм, — когда он сделал своё проницательное предсказание...»

Дэвис не сомневался, что рабовладению наступит конец, но не предсказывал, когда это произойдёт. В начавшейся войне он — президент Конфедерации и главнокомандующий — защищал не институт рабовладения, а независимость одиннадцати штатов, порвавших с Союзом. Конфедерация потерпела поражение. И вспомним, что говорили древние: «У победы много отцов, а поражение — всегда сирота». Многие — имя им легион — считают президента Конфедерации главным виновником поражения. Процитирую ещё раз Уоррена: «Некоторые историки говорят, что если бы Линкольн был в Ричмонде, а Дэвис — в Вашингтоне, Юг был бы свободен».

Историк Уильям Купер, автор фундаментальной биографии президента Конфедерации, так определил разницу между ним и президентом США: «Линкольн был гибким; Дэвис — жёстким. Линкольн хотел выиграть; Дэвис хотел быть во всём правым. У Линкольна было широкое стратегическое видение целей Союза; Дэвис так и не смог расширить свою узкую перспективу. Линкольн искал хорошего генерала, а затем дал ему воевать по его усмотрению; Дэвис постоянно назначал фаворитов и без причин лез в дела своих генералов, даже Роберта Ли. Линкольн сплотил свой народ; Дэвису на Юге это не удалось».

Нет числа ошибкам, в которых упрекают Дэвиса. Первая — на выбор: он пренебрежительно относился к военачальникам без военного образования, например, к генералу Натану Форресту. Вторая — на выбор — ошибка: послом в Лондон Дэвис назначил Уильяма Янсея, громогласного защитника рабовладения, что не могло не повлиять на решение Британии отказать Конфедерации в признании... Ещё одна — на выбор: Дэвис буквально до последних дней войны не решался доверить оружие чернокожим, даже свободным, не рабам, готовым сражаться. Только в марте — за несколько недель до поражения — был принят соответствующий закон. Изменить ситуацию на фронте было уже невозможно.

9 апреля 1865 года генерал Роберт Ли подписал в Аппоматтоксе капитуляцию. Дэвис и министры его правительства покинули Ричмонд неделей ранее. 15 апреля, на следующий день после того, как Линкольн был смертельно ранен, правительство США объявило награду в 100 тысяч долларов (3,2 млн сегодня) за поимку Дэвиса. Президент поверженной Конфедерации был найден 9 мая неподалёку от деревушки Ирвинвилл (штат Джорджия). 19 мая его поместили в каземат форта Монро (штат Виржиния) и приковали.

Дэвис оказался отрезанным от всего мира, даже от жены; ей разрешили писать, но письма перлюстрировались... Не было газет и книг, только Библия... В октябре его перевели из сырого каземата, но только в апреле 1866 года Варине разрешили навещать мужа... Между тем, президент США Эндрю Джонсон, его министры и Конгресс не могли решить, что делать с находящимся в заключении главой поверженной Конфедерации.

Первым намерением было обвинить Дэвиса в организации покушения на Линкольна и в жестоком обращении с пленёнными в лагере для военнопленных в Андерсонвилле (штат Джорджия). Но расследование не выявило доказательств, что Дэвис несёт ответственность за убийство Линкольна и смерть сотен пленных... В июне 1866 года Палата представителей приняла подавляющим большинством голосов резолюцию, требующую судить

Дэвиса за предательство: изменил воинской клятве защищать Соединённые Штаты... Взявшийся защищать Дэвиса адвокат Чарльз О'Коннор посоветовал пленнику (встречаться они не могли, общались только письменно, письма просматривались) не отказываться от участия в суде и воспользоваться судебным процессом для подтверждения своей невиновности. О'Коннор не сомневался, что защите удастся легко доказать: штаты, решившие порвать с Союзом, руководствовались Конституцией. В этом не сомневался и председатель Верховного суда Салмон Чейз, публично объявивший: "Secession was not treason". Но это было ещё не самое худшее для усилий правительства хоть как-то наказать Дэвиса. Худшим был его отказ просить о помиловании. Просить о помиловании, считал он, значит признать себя виновным...

13 мая 1867 года Дэвис был освобождён под залог 100 тысяч долларов, внесённых десятью известными гражданами, в их числе ньюйоркцами: журналистом и политиком Хорасом Грили (кандидат Демократической партии в президенты на выборах в 1872 году), богатейшим в то время американцем Корнелиусом Вандербильтом и — трудно поверить — одним из ведущих в стране аболиционистов Джерритом Смитом. Позднее Смит так объяснил своё решение помочь бывшему президенту Конфедерации выйти на свободу: «Я всегда считал, что достаточной причиной, по которой мы не должны наказывать побеждённый Юг, является то, что Север несёт такую же ответственность, как и Юг, за главную причину войны (рабовладение — *Ред.*). Коммерческий Север хладнокровно довольствовался политической, финансовой и церковной прибылью от рабовладения и держался за это...»

Дэвис пробыл в заточении два года и четыре дня. Лишённому гражданства президенту поверженной Конфедерации оставалось жить 22 с половиной года. Он скончался 6 декабря 1889 года в Новом Орлеане. Его провожали в последний путь более 200 тысяч человек.

«Потомки судят о людях не только по их делам, но и по тому, что пишут историки», — написал Джефферсон Дэвис.

Спустя девять десятилетий после его смерти Конгресс и президент США руководствовались не сочинениями историков, а законом и здравым смыслом. 25 января 1975 года сенатор Марк Хэтфилд (республиканец из Орегона) предложил вернуть Дэвису гражданство. «Вопиющая несправедливость в истории Соединённых Штатов», — сказал Хэтфилд о лишении гражданства Дэвиса — «выдающегося американца».

17 октября 1978 года президент-демократ Джимми Картер подписал закон о возвращении Дэвису гражданства.

Роберт Эдвард Ли —
прославленный военачальник

В 1900 году на кампусе Нью-Йоркского университета в Бронксе были построены библиотека и Зал славы великих американцев, представляющий собой колоннаду, которая опоясывала здание библиотеки. Открылся Зал славы 30 мая 1901 года. В нём были установлены бронзовые бюсты 29 великих американцев, номинированных годом ранее. Это были политики и скульпторы, учёные и священники, изобретатели и писатели. В числе признанных великим был и генерал Конфедерации Роберт Эдвард Ли.

Спустя 106 лет — 16 августа 2017 года — бюст Роберта Ли был убран из Зала славы великих американцев по распоряжению губернатора штата Нью-Йорк Эндрю Куомо. Его убрали вместе с бюстом генерала Конфедерации Томаса Джексона — номинанта 1955 года. «Потому что Нью-Йорк против расизма, — объяснил губернатор. — Есть много великих американцев, многие из них нью-йоркцы, которые заслужили место в этом прекрасном Зале. Два конфедерата к их числу не принадлежат».

17 сентября решение губернатора Куомо поддержал в *New York Times* Пулитцеровский лауреат историк Эрик

Фонер. В эссе, названном «Создание и разрушение легенды о Роберте Э. Ли» ("The Making and the Breaking of the Legend of Robert E. Lee"), он пишет, что пора завершить дебаты о месте Ли в американской истории: «Пришло время покончить с легендой». С мистером Фонером наверняка не согласились бы Уинстон Черчилль и Франклин Делано Рузвельт.

«Один из самых благородных американцев, которые когда-либо жили, и один из величайших командиров, известных в анналах войны», — сказал о Роберте Ли великий англичанин — бывший премьер-министр Объединённого королевства и лауреат Нобелевской премии по литературе.

«Один из наших величайших американских христиан и один из величайших американских джентльменов», — сказал единственный в истории президент, побеждавший на выборах четыре раза.

Роберт Эдвард Ли родился в 1807 году в одной из самых почитаемых семей штата Вирджиния. Его отец Генри Ли был офицером-кавалеристом в армии Джорджа Вашингтона. Конница Ли прославилась стремительными рейдами, за что его прозвали «Легкоконным Гарри» ("Light Horse Harry"). Он играл важную роль в ратификации штатом Вирджиния принятой в 1787 году Конституции США; с 1791 года по 94-й был губернатором штата; депутатствовал в Палате представителей. Но вошёл Ли в историю не как офицер революционной армии и не как политик, а благодаря словам о Вашингтоне, произнесённым 26 декабря 1799 года в день похорон первого президента: «Первый на войне, первый в мирное время, первый в сердцах сограждан». Эти слова «Легкоконного

Гарри» цитируют авторы всех биографий Джорджа Вашингтона.

Генри Ли исполнилось 50 лет, когда на свет появился сын Роберт, его восьмой — и предпоследний — ребёнок. Отец хотел видеть сына военным, и сын не обманул ожиданий отца. Роберт поступил в Военную академию Вест-Пойнт, закончил её вторым по успеваемости и единственным, кто не получил за годы учёбы ни одного дисциплинарного взыскания. Лейтенант инженерных войск Ли начал службу на острове Кокспур, штат Джорджия, где заканчивалось строительство форта.

В последующие 32 года Роберт Ли возводил и укреплял военные сооружения во многих местах, участвовал в войне с Мексикой, возглавлял администрацию Вест-Пойнта (в это время в Военной академии учился его сын Кастис), служил в Техасе. В феврале 1861 года, когда Техас принял решение выйти из состава Союза и присоединиться к Конфедерации, подполковник армии США Ли переехал в Вашингтон. 28 марта он стал полковником Первой кавалерийской бригады. Приказ о повышении в чине был подписан президентом Авраамом Линкольном. 15 апреля Вирджиния вышла из Союза, и спустя три дня советник президента Фрэнсис Блэйр предложил Ли войти в чине генерал-майора в состав командования обороной Вашингтона. Полковник отказался: «Как я могу поднять меч против Вирджинии, моего родного штата?» 20 апреля Ли подал в отставку. 23-го он приступил к военной службе в армии Конфедерации.

Когда образовалась Конфедерация, Роберт Ли не скрывал скептицизма, о чём в январе 1861 года написал сыну Кастису. В беседе с Блэйром он назвал произошедший в стране раскол «анархией». Если бы Вирджиния осталась в составе Союза, Ли воевал бы против Конфедерации. Но он считал Вирджинию — не Соединённые Штаты Америки — своей родиной, и этим не отличался от современников, прежде всего южан, считавших родиной штаты, в которых родились. Корни Роберта Ли были в Вирджинии, где его пра-пра-пра-прадед Ричард Ли поселился в 1639 году. Перед 54-летним Робертом Ли не стояло вопроса, воевать «за» или «против» Вирджинии. Он должен был защищать свою землю.

Да, генерал Ли защищал свою землю. А вот историк Фонер считает, что он сражался за сохранение рабовладения. «На президентских выборах в 1860 году Ли голосовал за Джона Брекинриджа, убеждённого сторонника рабовладения», — пишет Фонер и приходит к заключению: оказавшись перед выбором, на чьей стороне воевать, Ли решил «защищать рабовладельческую республику».

Роберт Ли никогда и нигде — ни устно, ни письменно — не объяснял, почему на выборах голосовал за Брекинриджа — одного из трёх соперников Линкольна, добивавшихся на всеобщих выборах избрания на пост президента. Но и два других — Стивен Дуглас и Джон Белл — не выступали против рабовладения. Да ведь и кандидат Республиканской партии Авраам Линкольн не выступал против, а был лишь противником распространения рабовладения на новые штаты. Главным соперником Линкольна на съезде Республиканской партии, где номинировался кандидат в президенты, был аболиционист Уильям Сьюард. Делегаты съезда не сомневались, что у аболициониста нет шансов победить на всеобщих выборах, и отдали предпочтение Линкольну. Таким обра-

зом, на выборах в 1860 году
среди четырёх кандидатов
в президенты не было ни одного противника института
рабовладения.

Роберт Ли был рабо-
владельцем. Ему принад-
лежало несколько рабов.
В 1856 году в письме жене
он назвал рабовладение
«порочным институтом».
Ли полагал, что это «зло»
со временем исчезнет. Но
в 1857 году «зло» свалилось

Роберт Ли

ему на голову в виде завещания тестя — владельца планта-
ций и сотен рабов. В завещании было записано, что
рабы должны быть освобождены через пять лет. На эти
пять лет рабы переходили во владение дочери и её мужа.

Роберт Ли подписал 9 апреля 1865 года капитуляцию
в Аппоматтоксе и попросил «смелых парней», как он называл своих солдат и офицеров, расходиться по домам.
Он полагал, что с окончанием войны наступит мир. Но
мир не наступил. Воевавших с Союзом белых мужчин
лишили гражданских прав. Учреждённые победителями
власти увеличили налоги на собственность — так, чтобы
владельцы домов, ферм, фабрик были не в состоянии их
платить и были вынуждены продавать за бесценок своё
имущество нагрянувшим с севера предпринимателям
(их назвали «саквояжниками» — "carpetbagger"). Организованный бывшими офицерами Конфедерации Ку-Клукс-
Клан явился ответом на политический и финансовый

беспредел. Его мишенью были оккупанты-северяне и их южные пособники — как чёрные, так и белые.

Как относился Роберт Ли к этой «террористической» организации? Никто не просил Ли — ни устно, ни письменно — осудить её. Но Ли не скрывал отрицательного отношения к «перестройке» ("reconstruction"), проводимой северянами в штатах бывшей Конфедерации. И Ли публично — на показаниях в Конгрессе — выразил надежду, что Вирджиния «избавится» от чёрных. Неприемлемая точка зрения? Да, конечно, неприемлемая — для сегодняшних американцев. Но ведь и Авраам Линкольн считал, что неграм не место в Соединённых Штатах. Он был членом Американского общества колонизации, созданного для возвращения африканцев в Африку, а будучи президентом, раздумывал о расселении свободных негров в Южной Америке.

Через пять лет после окончания войны в августе 1870 года бывшие офицеры Конфедерации созвали конференцию. В числе присутствовавших был и 63-летний Роберт Ли. Приехал и бывший генерал армии Союза Уильям Роузкранс. До начала конференции он попросил Ли объявить, что жители Юга рады снова быть в составе Союза. Ли отказался говорить, но согласился обсудить предложение Роузкранса с теми, кто приехал на встречу. Когда конференция началась, слово взял Флетчер Стокдейл, бывший в годы Конфедерации губернатором отколовшегося от Союза Техаса.

«Народ Техаса останется мирным и не восстанет снова, — сказал Стокдейл. — Однако желание быть откровенным заставляет меня, генерал Роузкранс, объяснить вам позицию моего народа. Техасцы решили оставаться под агрессорами молчаливыми и мирными. Но никто из них не уподобится спаниелю. Они не собаки, которые лижут руки тем, кто их пинает... Они будут противостоять федеральному правительству всеми доступными для них средствами, пока у них есть какие-либо средства...»

Когда конференция завершилась, Ли попросил Стокдейла задержаться: «Губернатор, — сказал он, — если бы я предвидел, что эти люди (северяне) готовились сделать после победы, я не подписал бы капитуляцию. Если бы я предвидел результаты подчинения, то предпочёл бы умереть у Аппоматтокса с мечом в правой руке бок о бок со смелыми парнями».

Сведение о конференции бывших офицеров Конфедерации, об участии в ней бывшего генерала северян Роузкранса и о беседе Стокдейла и Ли есть в книге Томаса Джонсона «Жизнь и письма Роберта Льюиса Дэбни» ("Life and Letters of Robert Lewis Dabney"). В войне Севера и Юга Дэбни возглавлял штаб генерала конфедератов Томаса Джексона, после войны написал биографию Джексона. О конференции бывших конфедератов Дэбни рассказал Стокдейл.

Нельзя обойти молчанием утверждение многих сегодняшних историков, что, став военнослужащим Конфедерации, Ли совершил предательство. Назову только одного — бывшего профессора истории Принстонского университета Аллена Гуезло, автора биографии Роберта Ли ("Robert E. Lee"). Он «совершил предательство против Флага и Конституции», — считает историк.

Обратимся к Конституции, которая определяет (Третья статья, 2-й раздел), что есть измена: «Государственной изменой Соединённым Штатам считается ведение войны против них или присоединение к их врагам и оказание им помощи и содействия».

Совершил ли Роберт Ли нечто подобное?

Ответ на этот вопрос дал Авраам Линкольн. В разгар войны — в декабре 1863 года — президент сказал: в Конституции речь идёт об «иностранных врагах, с которыми Соединённые Штаты находятся в состоянии войны, а не о внутреннем враге». Администрация Линкольна рассматривала Конфедерацию как внутреннего врага (domestic enemy). Поэтому президент считал, что не следует обвинять в измене ни Ли, ни других её генералов и офицеров.

Так считал и командующий армией Союза генерал Улисс Грант, принявший 9 апреля 1865 года капитуляцию Роберта Ли. Одно из условий капитуляции исключало какие-либо судебные преследования Ли и офицеров его армии. Гранту в голову не могла прийти мысль обвинять их в измене. И мало кому приходила — до 14 апреля, когда Линкольн был смертельно ранен. Покушение на президента привело в движение силы, требовавшие предать суду генералов и видных политиков Конфедерации. Самым активным среди требовавших был Джон Андервуд, назначенный в июне 1864 года федеральным судьёй в занятых войсками Союза районах Вирджинии. Андервуд настаивал на привлечении Роберта Ли к суду. Его поддержали министр юстиции Джеймс Спид и военный министр Эдвин Стэнтон. С ними был готов согласиться Эндрю Джонсон, занявший, будучи вице-президентом, пост президента после смерти Линкольна. Генерал Грант был взбешён происходящим. Он добился встречи с президентом и министрами и протестовал: «Ли никогда не сдался бы. Мы понесли бы большие потери, чтобы победить его...» Только один министр, госсекретарь Уильям Сьюард, согласился с Грантом.

Суда над Ли не было. Не только потому, что Ли был «внутренним врагом». Возможно, Андервуд не придал этому значения. Возможно. Но он не мог игнорировать следующее требование Конституции (всё та же Третья статья, 2-й раздел): *Судебное разбирательство должно производиться в том штате, где преступление совершено...* Это означало: судить Ли следует в Вирджинии и, видимо, в Ричмонде, поскольку в Ричмонде ему было присвоено звание генерала. Андервуд не мог не понимать: невозможно будет найти в Ричмонде 12 присяжных, которые признают Ли виновным...

Каждый, кто считает Ли предателем, сознательно игнорирует тот факт, что Ли и другие офицеры армии Конфедерации — сначала ушли в отставку из армии США и только после этого поступили на службу в армию Конфедерации. Если бы они стали служить в армии Конфедерации до отставки из армии США, их можно было бы — возможно — обвинять в нарушении присяги защищать Соединённые Штаты Америки. Возможно... Хотя и в этом случае они были бы «внутренними врагами», и значит, им нельзя было предъявлять обвинение в измене.

Томас Джексон — генерал по имени «Каменная Стена»

История каждой войны влечёт за собой бесконечную череду «если бы». Одно из самых интересных «если бы» в истории Гражданской войны связано с поражением армии генерала Роберта Ли у пенсильванского города Геттисберга. Трёхдневное — с 1 по 3 июля 1863 года — сражение оказалось переломным в войне, завершившейся поражением Конфедерации.

«Если бы, — говорил Ли после войны, — Стоунуолл Джексон был со мной в Геттисберге, я бы выиграл сражение, и тогда бы нам достались и Вашингтон, и Балтимор, быть может, даже Филадельфия, и независимость Конфедерации была бы гарантирована».

Да, в самом деле, как закончилась бы Гражданская война, если бы — если бы — 2 мая 1863 года в лесу, в кромешной тьме, генерал конфедератов Томас «Каменная Стена» Джексон не попал под огонь конфедератов (вспомните строку из Александра Межирова «По своим артиллерия бьёт...»)? Он скончался через восемь дней. А если бы... Ему было всего-навсего 39 лет.

Томас Джонатан Джексон родился в 1824 году в Вирджинии. У его деда и бабушки — по отцовской линии —

интереснейшая (прямо-таки для Голливуда) история иммиграции в Америку. Джону Джексону, деду, уроженцу
Шотландии, было 29 лет, когда он был признан в Лондоне
виновным в краже 170 фунтов, приговорён к семи годам
ссылки в Америку и отправлен за океан в 1748 году. На
судне «Личфилд» — «плавучей тюрьме» — он познакомился с 25-летней уроженкой Лондона Элизабет Кемингс,
осуждённой на семь лет за кражу ювелирных изделий.
Когда «плавучая тюрьма» пришвартовалась к американскому берегу в Аннаполисе (колония Мэриленд), Джон
и Лиза уже решили жить вместе. У них родилось восемь
детей, вторым был Джонатан, отец Томаса.

Томас осиротел в восемь лет. Жизнь до семнадцати
лет была такой неприглядной, что он никогда не говорил
о ней. В 1842 году 18-летний Джексон поступил в Военную академию Вест-Пойнт и оказался вскоре в числе
худших кадетов. Сказывалось отсутствие формального
школьного обучения. Но ни один другой кадет не занимался с таким усердием, как Джексон. Он завершил четы-
рёхлетний курс 17-м из 69 выпускников. Был бы первым,
говорили соученики и преподаватели, если бы пришлось
учиться ещё один год.

Через шесть недель после выпускной церемонии в Военной академии артиллерийский лейтенант Джексон уже
воевал с Мексикой. Он завершил войну в 1847 году в чине
майора, и затем началась гарнизонная служба, продолжав-
шаяся четыре года. В это время Джексон стал уделять по-
вышенное внимание религии. По несколько часов в день
читал Библию. Посещал методистскую, баптистскую, эпи-
скопальную и католическую церкви. В 1851 году он принял предложение преподавать в Вирджинском военном

институте в Лексингтоне и начал учить молодых парней физике, астрономии, химии... Выпускники института не скрывали, что лекции профессора были скучноваты, но все, как один, говорили: если война, они хотели бы быть под командованием майора Джексона. В Лексингтоне Джексон нашёл свой религиозный дом — пресвитерианскую церковь. Он стал убеждённым кальвинистом.

Джексон был женат дважды. Первая жена умерла в 1854 году во время родов. Спустя три года он женился вторично. Мэри Энн Моррисон, вторая жена, привела с собой трёх рабов. Два были у мужа. Джексон относился к ним с вниманием и считал нужным не только кормить и лечить, но и учить их. Он организовал в Лексингтоне воскресные классы изучения Библии для чёрных: как рабов, так и свободных.

Вспыхнувшая в апреле 1861 года война не оставила перед Джексоном выбора. Он беззаветно любил Соединённые Штаты, но он родился в Вирджинии и, как вирджинец, считал своим долгом защищать родную землю от агрессора. Джексон считал, что Господь покровительствует штатам Конфедерации, провозгласившим независимость, и рассматривал войну как поход в защиту Божьего пожелания. Он воевал всего два года, и за это время прославился как выдающийся командир. Джексон не ведал поражений, хотя, как правило, противостоял превосходящим силам противника. Победы над северянами он объяснял просто: «На то Божья воля».

Прозвище «Каменная Стена» — "Stonewall" — Джексон заслужил в самом начале войны — 21 июля 1861 года. В этот день произошло сражение у вирджинского городка Манассас, всего в 31 миле от Вашингтона.

Армия северян, заметно превосходящая по численности армию южан, рассчитывала на быструю победу, которая открывала ей путь на Ричмонд — столицу Конфедерации. В победе северян были уверены жители Вашингтона и мест, окружающих столицу США. К Монассасу понаехали — как на летний пикник — тысячи зрителей. Они хотели стать свидетелями победы «своей команды». Но победы не получилось. Правда, начало сражения — первый акт — развёртывалось в пользу северян, южане дрогнули. И в этот момент своё слово сказала бригада вирджинцев под началом бригадного генерала Джексона.

«Посмотрите на бригаду Джексона! Она стоит, как каменная стена!» — крикнул отступающим генерал конфедератов Бернард Би. Так Джексон и получил прозвище Stonewall… Существует, однако, несколько версий случившегося. Будто бы так назвал Джексона не генерал Би, а кто-то другой.

Джексон остановил наступавших северян, приказав своим солдатам: «Не стреляйте, пока они не подойдут на 50 ярдов! Затем стреляйте и угостите их штыком! А когда броситесь в атаку, кричите, как фурии!»

Северяне бежали, путь на Вашингтон был открыт, и Джексон был готов наступать. «Если мне позволят, я отправлюсь со своей бригадой на Вашингтон!» — заявил он. Ему не позволили… Конфедераты защищали свою землю от агрессора, и в первые месяцы войны даже не помышляли о военных действиях вне границ Конфедерации…

После победы при Манассасе бригаду Джексона назвали «Бригадой Каменной Стены», а в октябре 1861 года ему пришлось расстаться с ней. Джексону присвоили звание генерал-майора и поручили возглавить армию в долине Шенандоа. Расставаясь со своей бригадой, генерал Джексон произнёс речь, которая даёт понять каждому, за что и как сражалась армия Конфедерации. Он, в частности, сказал:

«Солдаты и офицеры первой бригады! Я здесь не для того, чтобы говорить речи, а чтобы просто попрощаться. Я впервые встретил вас... в самом начале войны, и я не могу покинуть вас, не выразив своего восхищения вашими действиями с того дня — и на марше, и на привалах, и в лагерях или на кровавых равнинах Манассаса, где вы заслужили славную репутацию, решив исход сражения... Своим уважением к правам и собственности граждан вы показали, что способны не только к обороне, но и к нападению. Вы уже стяжали блестящую славу и заслуженно высокую репутацию во всей армии в Конфедерации, и я верю, что в будущем своими свершениями на поле боя и при помощи Провидения, которое до сих пор благосклонно к нашему делу, вы завоюете другими победами ещё более высокую репутацию. Вы уже заняли славное место в будущей истории этой нашей Второй Войны за независимость. Я с большим волнением буду следить за вашими дальнейшими шагами, и я верю, что, где бы я ни услышал о первой бригаде в бою, я узнаю о ещё более благородных свершениях и о более высокой репутации... Вы были первой бригадой в сердце вашего генерала; и я верю, что за ваши последующие шаги потомки назовут вас первой бригадой в нашей Второй Войне за независимость...»

«Пешей кавалерией Джексона» была названа армия Джексона в боях и походах в долине Шенандоа. Его армия постоянно была на марше. Бывало, шла целую неделю, иногда — в это с трудом верится — по 40 миль в сутки с 10-минутными остановками на отдых. Выдерживал такие походы-переходы далеко не каждый. Требовалась взаимная помощь. Выносливый — таковых было большинство — был обязан помогать отстающим. Случалось, следовало преследовать противника, и тогда «пешая кавалерия» шагала ночью, и, бывало, ночной переход сменялся — без остановки — на дневной. Про-

Томас Джонатан Джексон

тивник обычно не знал о продвижении армии Джексона. Она атаковала внезапно.

Для маршей-бросков требовались идеальные карты местности, и у генерала Джексона такие карты были. Потому что под его началом был блестящий картограф и топограф Джедедия (Джуд) Хотчкисс, один из лучших — а возможно, наилучший — во всей Америке. Сегодня его имя забыто, о нём знают только специалисты-картографы и тот, кто интересуется непосредственно военными походами и сражениями армии Джексона.

Джед Хотчкисс родился в 1828 году в нью-йоркском городке Виндзор, на границе с Пенсильванией, в 19-летнем возрасте переехал в Вирджинию — в долину Шенандоа и основал школу в местечке Мосси-Крик. Будучи учителем, увлёкся топографией, составлял — как хобби — карты окружающей местности... Гражданскую войну Хотчкисс начал в июне 1861 года извозчиком, доставлявшим провиант, и предложил свои услуги — как топограф — бригадному генералу Ричарду Гарнетту, но вскоре выбыл на несколько месяцев, его свалил тиф... Вернулся Хотчкисс в строй только в марте 1862 года, возглавив команду топографов при штабе генерал-майора Томаса Джексона... Карты Хотчкисса позволяли Джексону планировать переходы, заходить в тыл врагу и организовывать внезапные атаки.

«При всей своей храбрости и явном стремлении драться он был одним из самых осторожных людей, — писал о Джексоне генерал конфедератов Джон Браун Гордон. — Его ужасающие марши были следствием его осторожности. Вместо того чтобы бросать людей в „великолепные" фронтальные атаки на укрепления, он предпочитал трудные марши, с тем чтобы нанести удар во фланг. Его убеждение в том, что лучше потерять сто человек на марше, чем тысячу в бою, доказывает, что я прав, говоря о его осторожности».

30 апреля 1863 года, накануне сражения при Чанселорсвилле, ставшего победоносным для армии Роберта Ли, но роковым для Томаса Джексона, Джексон, командир корпуса, обязал Хотчкисса представить ему восемь карт района, а затем обозначить на карте дороги, ведущие к левому флангу противника. Вечером 1 мая Джексон и Ли обсуждали, сидя у костра, план операции. Обсуждали в присутствии Хотчкисса, который сохранил их разговор для потомков.

«Генерал, что вы собираетесь делать?» — спросил Ли. Джексон показал на карте: «Пойду этим путём». — «Какими силами вы намерены осуществить этот манёвр?» — «Всем корпусом», — ответил Джексон, имея в виду 28 тысяч своих солдат. «Что же вы оставите мне?» — удивился Ли. — «Дивизии Андерсона и Маклоуза», — ответил Джексон. Ли согласился...

2 мая 1863-го после сражения Джексон поздно вечером возвращался через лес к своему лагерю. Конфедераты услышали шаги, но не различили, кто идёт, и открыли огонь. Три пули попали в Джексона. Одна раздробила кость на левой руке чуть ниже плеча, и руку пришлось ампутировать. После операции раненого привезли в тыловой госпиталь. 10 мая он скончался.

В последние часы жизни Джексон разговаривал в бреду с офицерами, с женой и детьми. Врач Хантер Макгуайр вспоминал, что перед смертью Джексон кричал: «Прикажите генералу Хиллу приготовиться! Отправьте пехоту на фронт! Скажите майору Хоуксу...» — и замолчал... На его лице появилась улыбка, и он сказал тихо и выразительно: «Мы должны перейти реку и отдохнуть там в тени деревьев».

Эрнест Хемингуэй использовал последние слова Томаса Джексона для названия романа «За рекой в тени деревьев».

В армии Конфедерации Соединённых Штатов было 425 генералов. Память сохранила далеко не все имена. Нет, однако, сомнений, что имена двух сохранила: это Роберт Эдвард Ли и Томас «Каменная Стена» Джексон.

Восемьдесят лет спустя, во время Второй мировой, генерал Джордж Паттон обратился к командующему войсками союзников в Европе генералу Эйзенхауэру: «Я буду вашим Джексоном».

Генерал Форрест — герой, оклеветанный историей

Натан Бедфорд Форрест — единственный участник Гражданской войны, начавший войну рядовым добровольцем и завершивший её генералом, причём не бригадным генералом, не генерал-майором, а генерал-лейтенантом, трёхзвёздным.

«Лучший рождённый войной генерал», — назвал Форреста генерал Роберт Ли, никогда с ним не встречавшийся.

«Величайший кавалерист, когда-либо рождённый в Америке», — сказал о Форресте — «волшебнике седла», как называли его, — генерал северян Уильям Шерман, который отдал в конце войны приказ «преследовать Форреста, пока его не убьют, даже если для этого потребуется пожертвовать 10 тысячами солдат и казной министерства финансов».

Восхищение Форрестом и его победами было в Конфедерации повсеместным; противная сторона его ненавидела и возвела бы в герои каждого, кто выполнил бы приказ Шермана. Что же касается истории, то историю пишут, как известно, победители, и во многие книги и в учебники по истории Форрест вошёл как военный преступник — «Мясник из форта Пиллоу» и как предводитель — «Великий Волшебник» (Grand Wizard) — Ку-Клукс-Клана.

Форрест, читаем мы в Википедии, «неоднозначная (controversial) фигура в американской истории». С такой характеристикой следует согласиться. Но этим-то Форрест и интересен. Как сказал поэт, «тот, кто постоянно ясен, тот, по-моему, просто глуп».

Натан Бедфорд Форрест родился 13 июля 1821 года в местечке Чапел-Хилл (штат Теннесси). Он и сестра-близнец были старшими из двенадцати детей в семье кузнеца Уильяма Форреста. Натану было 16, когда умер отец, и ему, старшему сыну, пришлось содержать всю семью. На первых порах помогал брат отца, Джонатан, занимавшийся куплей-продажей земли и скота. В 1842 году бездетный дядя был убит в перестрелке с соседями-конкурентами, и Натан унаследовал его бизнес и с ним шесть чёрных рабов.

Жизнь Форреста — это жизнь американца, начавшего с нуля и разбогатевшего. О таких говорят: "Self-made", то есть добившийся успеха своими собственными силами. Без денег, без связей и без образования, он не доучился в первом классе начальной школы... А ко времени начала Гражданской войны 40-летний Форрест был одним из самых успешных бизнесменов в Теннесси, его состояние оценивалось в полтора миллиона долларов (43,5 миллиона в 2020 году). Он торговал лесом и скотом, занимался хлопком, торговал рабами. Значительную часть денег Форрест заработал как работорговец, но был он непохож на большинство работорговцев. Не продавал в «плохие руки» — тем, кто обращался с рабами не как с людьми, разделял их семьи. Сам Натан не только не разделял — мужа с женой, мать с детьми, — но требовал — письменно в виде гарантий — того же от покупателя... Когда началась война, 45 рабов с плантации Форреста отправились воевать вместе со своим хозяином. Спустя годы он говорил на слушаниях в Конгрессе США:

«Я сказал сорока пяти цветным на своей плантации, что иду воевать. Если пойдёте со мной и мы проиграем, вы окажитесь свободными. Если же мы победим, рабовладение останется. Однако если будете со мной до конца, получите свободу. За 18 месяцев до конца войны я дал сорока пяти — или сорока четырём — бумаги об их свободе, так как боялся, что меня убьют...»

Сформированный Форрестом кавалерийский батальон, переросший в полк, а затем в бригаду, не знал поражений. Победа следовала за победой. Единственное поражение произошло в последние дни войны — 2 апреля 1865 года, когда в сражении при Сельме (штата Алабама) трёхтысячная бригада Форреста противостояла 13-тысячной кавалерии генерала северян Джеймса Уилсона. 9 мая 1865 года Форрест сложил оружие — ровно через месяц после того, как Роберт Ли сдался Уллису Гранту. Днём ранее он обратился с прощальной речью к однополчанам и, в частности, сказал: «Парни, наш последний бой окончен... Вы были хорошими солдатами, а тот, кто был хорошим солдатом, может стать хорошим гражданином. Я вернусь домой и начну жизнь сначала, а вам, старые добрые конфедераты, я скажу, что моя дверь для вас всегда открыта».

Генерала Форреста считают одним из первых полководцев, осознавших важность мобильной войны —

преимущества кавалерии над пехотой и, если говорить о современных войнах, преимущества подвижной бронетехники над пехотой. Тактику Форреста взяли на вооружение французский маршал Фердинанд Форш в Первой мировой войне и немецкий генерал Хайнц Гудериан во Второй мировой.

«Форрест... обладал высшими военными качествами, — пишет Уинстон Черчилль. — Его замечание, что

Натан Бедфорд Форрест

искусство войны состоит в том, чтобы быть „первым с большинством", является классическим...»

Да, действительно, кавалерийский командир Форрест всегда руководствовался правилом быть на месте предстоящего сражения первым, имея при этом преимущество в численности. Но он никогда не говорил: "Firstest with moistest" (Первый с большинством). Приписываемое Форресту выражение — лишь одна легенда о генерале, о котором сложены десятки легенд. Никто точно не знает, сколько лошадей было убито под ним, сколько раз он был ранен, сколько врагов лично убил. Но он оставался живым, и множились рассказы, проверить достоверность которых трудно. И трудно — а теперь, наверное, уже и невозможно — установить с абсолютной достоверностью, что произошло 12 апреля 1864 года в сражении за форт Пиллоу (штат Теннесси) на берегу реки Миссисипи.

В войне Конфедерации с Союзом сражение за форт Пиллоу было одним из самых скоротечных. Форресту потребовалось чуть более 20 минут, чтобы овладеть фортом. До начала штурма он отправил в форт парламентёра с белым флагом — потребовал безоговорочной капитуляции у гарнизона, объявив: со сдавшимися в плен будут обращаться как с военнопленными. Если же последует отказ, предупреждал Форрест, «на войне сражаются, а где сражаются — убивают». Северяне отказались сдаваться и обратились в бегство, как только конфедераты захватили бруствер. При этом бежавшие не бросали оружие, что означало только одно: могут стрелять в преследователей...

Численность гарнизона составляла 557 человек (295 белых и 262 чёрных), 253 были убиты, 226 взяты в плен. Процент убитых составил 45 процентов, и это позволило журналистам аболиционистских газет Нью-Йорка, Бостона, других городов обвинить Форреста в сознательном убийстве врагов, хотя ни один журналист не был свидетелем сражения. И поскольку белых среди убитых была только одна треть, а чёрных — две трети, Форреста обвинили и в намеренном убийстве чёрных...

На самом деле эти цифры, пишет историк Гражданской войны Локлейн Сибрук в книге «Натан Бедфорд Форрест и афроамериканцы» ("Nathan Bedford Forrest and African-Americans"), не представляют собой аномалию. Процент убитых в таких схватках, как штурм форта Пиллоу, всегда был в районе 40, а процент убитых чёрных всегда превышал примерно на 40 процентов убитых белых, поскольку чёрные в армии северян проходили военную подготовку хуже белых и были хуже вооружены.

Получив сообщение об устроенной Форрестом «резне», президент Линкольн приказал военному министру Эдвину Стэнтону расследовать «предполагаемую (alleged) бойню наших войск». «Предполагаемая» никогда не превратилась в установленную, то есть подтверждённую, не вызывающую сомнений. Тем не менее Форреста и по сей день называют «мясником».

Война закончилась, Форрест вернулся домой, в Мемфис, и «начал жизнь сначала» — с расчистки плантации. Нанял несколько десятков чёрных — своих бывших рабов... Как бывший боец Конфедерации, он был лишён гражданских прав и этим ничем не отличался от сотен тысяч белых мужчин южных штатов, оккупированных федеральными войсками. Оккупанты практически ликвидировали Демократическую партию, членами которой было абсолютное большинство южан, и установили однопартийную систему — власть Республиканской партии. Вслед за оккупантами на Юг хлынули любители лёгкой наживы — бизнесмены-предприниматели, прозванные «саквояжниками» ("carpetbagger"). У оккупантов и насаждаемой ими власти нашлись союзники-коллаборационисты — «прихвостни» ("scallywag"). В южных штатах наступил беспредел, вошедший в историю как Reconstruction — Перестройка.

Насаждаемые победителями порядки ударили по абсолютному большинству южан, больше всего — по белым, и это были не только солдаты и офицеры армии Конфедерации, но и их жёны, дети, родители. Среди оккупированных нашлись люди, решившие бороться с оккупантами, а также с «саквояжниками» — бизнесменами с Севера и с «прихвостнями» — союзниками оккупантов.

Они-то и организовали Ку-Клукс-Клан. Форреста принято считать «Великим Волшебником» — руководителем Клана. Но был ли он руководителем Клана? Да и был ли он вообще членом Клана?

Если мы обратимся к Википедии, то узнаем, что Ку-Клукс-Клан это — «ультраправая расистская террористическая организация, отстаивавшая превосходство белых...» Но такая характеристика не имеет никакого отношения к Ку-Клукс-Клану, существовавшему в южных штатах после Гражданской войны — во второй половине 60-х годов XIX века... Такая характеристика справедлива для Ку-Клукс-Клана, зародившегося в 1915 году... Между первым и вторым нет ничего общего. Кроме названия... Название — старое, суть — новая. И это типично не только для Ку-Клукс-Клана...

Нет ничего общего, кроме названия, между Республиканской партией — второй половины XIX века и современной Республиканской... Современная Демократическая не имеет совершенно ничего общего с Демократической XIX века... А что общего между сегодняшней английской Либеральной партией и той Либеральной партией, членом которой был на границе двух минувших столетий Уинстон Черчилль? Вот и два Ку-Клукс-Клана — первый и второй — отличаются друг от друга как (прошу прощение за избитое сравнение) небо от земли.

Первый Клан был партизанской организацией, воевавшей против оккупантов и их союзников. Был ли он террористической организацией? С точки зрения властей — федерального правительства США и созданных этим правительством на Юге штатных правительств — да, конечно, Ку-Клукс-Клан — террористическая организация. Но разве не были террористами — с точки зрения оккупационных властей — в 40-е годы XX века украинские и белорусские партизаны, пускавшие под откос немецкие поезда, взрывавшие склады с боеприпасами, убивавшие пособников оккупантов?.. С точки зрения британских властей подмандатной Палестины, террористами были евреи — бойцы подпольной организации Иргун, сражавшиеся за создание еврейского государства... Испанские колониальные власти считали террористом Симона Боливара, сражавшегося в Южной Америке во втором и третьем десятилетиях XIX века против колониального господства...

Локлейн Сибрук, написавший десятки (!) книг о Юге — предвоенном, военном и послевоенном, называл первый Ку-Клукс-Клан «Перестроечным» ("Reconstruction KKK"). Занималась ли эта организация террором? Да, — как и всякая партизанская. Но «расизм», «превосходство белых» — это не про неё. Были в «Перестроечном» Клане и негритянские группы, поскольку и чёрные страдали от оккупантов. Меньше, чем белые, но страдали... Коллаборационистов же в среде чёрных было в разы больше, чем среди белых. У негритянских союзников оккупационных властей была своя организация — клубы «Лояльные лиги» ("Loyal Leagues"), объединявшие чернокожих республиканцев. Их главными врагами были бывшие конфедераты и чёрные, настроенные против оккупантов. Но вернёмся к Форресту...

27 июня 1871 года Форест выступал с показаниями — отвечал на вопросы — в комитете Палаты представителей, занимавшемся расследованием деятельности Ку-Клукс-Клана. Конгрессмены, члены комитета, не

испытывали никаких симпатий ни к бывшему генералу Конфедерации, ни к организации, членом которой они его считали. Это был допрос с пристрастиями. Форрест не скрывал, что «симпатизировал» (его слова) Ку-Клукс-Клану. «ККК был не чем иным, — говорил он, — как защитным органом, организованным для противодействия гнусной работе Северного Бюро вольноотпущенников, Союзной лиге и различных лояльных лиг» ("The KKK was nothing more than a defensive body, organized to counter the nefarious work of the North's Freedmen's Bureau, Union League, and various Loyal Leagues").

После долгих слушаний специальный комитет по расследованию деятельности Ку-Клукс-Клана признал Форреста невиновным по всем выдвигаемым против него обвинениям. Но, может быть, Форрест, отвечая на вопросы, говорил неправду — несмотря на то, что мог быть обвинённым в даче ложных показаний? Кто знает? История хранит не один пример, когда выступавшие в Конгрессе лгали.

«Перестроечный ККК» был тайной организацией. Нам известны имена всех шестерых его основателей — в конце 1865 года в городе Пуласки (штат Теннесси), каждый из них впоследствии писал об этом... Один из шестерых, бывший капитан армии Конфедерации Джон Лестер, написал полную историю организации, не упомянув ни разу Форреста... Джон Аллан Уайет, автор 600-страничной биографии «Этот Дьявол Форрест: Жизнь генерала Натана Бедфорда Форреста» ("That Devil Forrest: Life of General Nathan Bedford Forrest"), изданной в 1899 году и переизданной в 1989-м, даже не упоминает Форреста как члена Клана...

Сегодняшние утверждения, что Форрест был членом Ку-Клукс-Клана и его лидером, «Великим Волшебником», абсолютно ни на чём не основаны. Это догадки, предположения, если хотите — домыслы.

Ну а если Форрест всё же состоял в Клане и действительно возглавлял его? Он вряд ли заслуживает какого-либо осуждения. «Перестроечный Ку-Клукс-Клан», основанный в конце 1865 года и прекративший существование в конце 1869-го, был партизанской организацией, противостоявшей оккупантам и коллаборационистам. К возникшему в 1915 году второму Ку-Клукс-Клану Форрест не имеет никакого отношения.

«Волшебник седла» скончался 29 октября 1877 года в Мемфисе. В последний путь его провожали десятки тысяч сограждан. Газета *The Memphis Daily Appeal* писала, что не менее пятисот чернокожих пришли проститься с ним. Бывший президент Конфедерации Джефферсон Дэвис был с теми, кто нёс гроб с телом выдающегося генерала.

В сегодняшней Америке делается всё, чтобы вычеркнуть Натана Фореста из памяти.

Обойдённые вниманием: чёрные конфедераты

В 1989 году Голливуд сделал фильм «Слава» ("Glory"), принесший создателям три «Оскара». Это была картина о 54-м Массачусетском пехотном добровольческом полке (54th Massachusetts Infantry Regiment), скомплектованном из чернокожих. В центре киноэпопеи — участие полка 18 июля 1863 года в штурме форта Вагнер, защищавшего подступы к Чарльстону — южно-каролинскому городу, в котором двумя годами ранее прозвучали первые выстрелы Гражданской войны.

Попытка северян овладеть фортом завершилась неудачей. Негритянский полк потерял почти 40 процентов состава — убитыми, ранеными и пропавшими без вести, в числе убитых был полковник Роберт Гулд Шоу, белый командир полка. Сражение за форт Вагнер прославило 54-й Массачусетский пехотный полк и способствовало формированию других негритянских соединений в армии Союза. В этой армии было более 200 тысяч негров и, по словам президента Линкольна, они сыграли важную роль в победе над Конфедерацией.

Сюжет фильма «Слава» основан на исторических фактах, но поскольку фильм — художественный, в нём

114

есть как реальные лица (например полковник Шоу), так и вымышленные. И трудно упрекать авторов картины, что они что-то преувеличили, что-то исказили, о чём-то умолчали. Фильм-то — художественный, не документальный. И кинозрители не увидели среди защитников форта Вагнер негров — чернокожих конфедератов, которые отбивали вместе с белыми атаку Массачусетского полка. Бок о бок с белыми сражался чернокожий Джон Уилсон Бакнер, рядовой-артиллерист. В фильме «Слава» не нашлось места ни Бакнеру, ни другим чернокожим защитникам форта. Но знали ли создатели картины, что форт защищали и чёрные южане?

Ко времени создания фильма «Слава» — конец 80-х годов XX века — о чёрных конфедератах уже мало кто знал. Этот факт Гражданской войны исчез из большинства — абсолютного большинства — книг по истории военного противостояния Соединённых Штатов Америки и Конфедерации Соединённых Штатов. Центральной темой нарратива в изложении истории войны стала борьба Севера за ликвидацию института рабовладения и защита Югом этого института. И если Север сражался за освобождение рабов из цепей, то мог ли обнаружиться хотя бы один раб, который сражался на стороне рабовладельцев?

«Почти каждый историк Гражданской войны отвергает сегодня даже мысль о том, что тысячи чёрных сражались на стороне Юга», — писал в 2015 году профессор истории Гарвардского университета Джон Стаффер. Автор принадлежит к тем редким особям сегодняшнего научного мира, которые не оспаривают исторического факта: негры сражались в армии Конфедерации. Стаффер обращает внимание на двух отрицателей факта. Первый — профессор истории Аризонского университета Брукс Симпсон, не сомневающийся, что само понятие «чёрный конфедерат» — это «образец искажения, лжи и обмана». Другой отрицатель — автор полдюжины книг по американской истории Фергус Бордевич — даёт словосочетанию «чёрный конфедерат» такие определения: «бессмысленное», «выдумка», «миф», «несусветная чушь»… Изданная в 1988 году книга профессора истории Принстонского университета Джеймса Макферсона «Боевой клич свободы» (получила Пулитцеровскую премию) рассматривается как своего рода библия Гражданской войны, и в этом 900-страничном сочинении вообще нет словосочетания «чёрный конфедерат».

Если Конфедерация защищала в войне институт рабовладения, то, логично предположить, в сохранении этого института были заинтересованы в первую очередь рабовладельцы. В том числе и чёрные рабовладельцы. Зная это, следовало, наверное, предположить: в армии Конфедерации могли оказаться и чернокожие. Но большинство современных историков и знать не желает о существовании чёрных рабовладельцев. Подчеркиваю: современных. Историки прошлого — в том числе и чернокожие историки — этого не скрывали.

Картер Вудсон, основавший в 1916 году «Журнал негритянской истории» (*The Journal of Negro History*) и прозванный «отцом истории чёрных» ("father of black history"), написал в 1924 году статью «Свободные негры — владельцы рабов в Соединённых Штатах в 1830 году» ("Free Negro owners in the United States in 1830"). Опираясь на данные переписи 1830 года, Вудсон, профессор Говардского университета (один из старейших в стране негритянских вузов), называет с абсолютной точностью число свободных негров и число принадлежавших им чёрных невольников. В 1830 году в Америке было 319 599 свободных негров (13,7 % от общего числа негров в стране). 3776 свободных негров были рабовладельцами. Им принадлежали 12 907 чёрных рабов.

Негритянские семьи были, как и семьи белых, многодетными, и у чёрных рабовладельцев были не только дочери, но и сыновья. Кто-то из молодых шёл воевать. Как упомянутый выше защитник форта Вагнер рядовой Джон Уилсон Бакнер. Его дед выкупил себя из рабства в 30 лет. Став свободным, он тут же купил двух рабов, и с годами стал одним из крупнейших в Южной Каролине рабовладельцев. Рабовладельцами были и три его сына. Бакнер — его внук — записался добровольцем, как только началась война.

О мобилизации чёрных — как свободных, так и рабов — речь в Конгрессе Конфедерации не заходила до последних — буквально последних — дней войны. Соответствующий закон был принят 13 марта 1865 года, когда исход войны ни у кого не вызывал сомнений. Но белым рабовладельцам — даже рядовым — разрешали брать с собой в армию чёрных слуг. Они вошли в историю как бивуачные рабы (camp slaves), обслуживали хозяев в перерывах между боями, а перерывы часто были многодневными. И труд чёрных использовался в Конфедерации всюду, где требовалась рабочая сила, — на восстановлении железных дорог, строительстве оборонительных сооружений, на заводах, производящих оружие и боеприпасы...

У сегодняшних отрицателей участия чёрных в войне в составе армии Конфедерации есть объяснение. Объяснение, но не оправдание: поскольку мобилизовать чёрных было нельзя, то и в армии их не могло быть. При этом отрицатели игнорируют свидетельства очевидцев. Даже таких очевидцев, как Фредерик Дуглас, который родился рабом на плантации в Мэриленде, бежал на Север — в Филадельфию и стал одним из ведущих борцов против рабовладения и за права чёрных американцев.

В августе 1861 года в своей ежемесячной газете *Douglass' Monthly* Дуглас оплакивал победу, одержанную Конфедератами в июле у Манассаса (Вирджиния) и в частности писал: «Среди мятежников были чёрные солдаты, которых, вне всякого сомнения, заставили служить их тираны-хозяева...» Ещё до этой победы «мятежников» Дуглас писал: «В настоящее время довольно точно установлено, что в армии Конфедерации есть цветные мужчины, работающие не только как повара, слуги и чернорабочие, но и как настоящие солдаты, с мушкетами на плечах и патронами в карманах...»

Дуглас был в числе аболиционистов, которые настаивали на привлечении чёрных к военной службе. Во многом благодаря ему Линкольн дал добро — после 1 января 1863 года, дня обнародования Прокламации об освобождении рабов, — на формирование в армии чёрных подразделений. 54-й Массачусетский пехотный добровольческий полк, в котором служили два сына Дугласа, начал формироваться в феврале 1863 года и стал вторым в армии Союза негритянским соединением. Первым был 1-й Канзасский цветной пехотный полк цветных (1st Kansas Colored Infantry Regiment), формирование которого началось в январе 1863 года. К концу 1864-го в армии Союза были десятки негритянских подразделений. Чёрные были отделены от белых, никакой интеграции не было, но командирами у чёрных были белые офицеры. А вот в армии Конфедерации не существовало специальных негритянских подразделений, чёрные и белые сражались в одном строю. Правда, под началом кавалерийского генерала Натана Форреста существовала

Негры-конфедераты на посту

группа разведчиков, скомплектованная исключительно из чёрных. Они рыскали в тылу противника, не вызывая подозрений у северян.

Число негров в серой форме — форме армии Конфедерации — не сравнимо, конечно, с числом негров в синей форме — форме армии Союза. У северян — более 200 тысяч, у южан — от трёх до шести тысяч, имевших в руках оружие. В сравнении с северянами — единицы. Но отрицатели и единиц не признают.

«Признание того, что чернокожие сражались за дело, которое в сознании многих американцев означает исключительно рабство и угнетение, неприемлемо в стране для озабоченных обычной политикой, а не реальностью исторических событий», — писал профессор истории Американского университета афроамериканец Эдвард Смит, преподававший в течение сорока пяти лет историю Гражданской войны.

Но чего не могут признать миллионы, «озабоченные обычной политикой», должны всё-таки признать — обязаны признать — профессиональные историки. Ибо история знает не одну войну, в которой рабы сражались бок о бок, плечом к плечу со своими хозяевами.

В легендарном Фермопильском сражении (480 год до рождения Христа) в малочисленной армии греков (не более 7 тысяч), противостоявшей 250-тысячной армии персов, бок о бок со свободными греками — спартанцами — сражались илоты — их рабы. Но американским историкам незачем копаться в истории Древней Греции. Им следует — не грех — обратиться к истории своей страны.

В Войне североамериканских колоний за независимость от британской короны не менее 5 тысяч негров — как свободных, так и рабов — воевали в рядах революционной армии, которой командовал рабовладелец Джордж Вашингтон. В Англии рабовладения не существовало, и англичане обещали свободу в своих колониях всем рабам — если война завершится поражением повстанцев. Многие негры — нет даже приблизительных цифр — бежали от своих хозяев. Но были и сражавшиеся бок о бок со своими хозяевами за независимость колоний. Как, например, Принс Уиппл, принадлежавший нью-гэмширскому купцу Уильяму Уипплу, подпись которого украшает Декларацию Независимости.

Принс Уиппл вошёл в историю во многом благодаря художнику Эмануэлю Лойце, изобразившему его на картине «Вашингтон переправляется через Делавэр», знакомой каждому школьнику. Сомнительно, однако, что Уиппл переправлялся через Делавэр с Вашингтоном в ночь с 25 на 26 декабря 1776 года. Но доподлинно известно, что Уиппл участвовал в сентябре–октябре 1777 года в серии победоносных сражений под Саратогой. Он сражался в бригаде, командиром которой был его хозяин. В 1779 году раб Уиппл обратился в легислатуру штата Нью-Гэмпшир с просьбой о предоставлении ему свободы. Просьба была удовлетворена.

Спустя восемь с лишним десятилетий сотни уипплов защищали с оружием в руках одиннадцать рабовладельческих штатов. Кевин Левин, автор книги «В поисках чёрных конфедератов: самый стойкий миф о Гражданской войне» ("Searching for Black Confederates: The Civil War's Most Persistent Myth"), убеждает читателей, что такого просто-напросто не могло быть. Левин не отрицает, что в армии Конфедерации были чёрные, но это были бивуачные рабы, строители, чернорабочие, музыканты, но только не солдаты. «Центральной целью Конфедерации, — пишет он, — было создание рабовладельческой республики, основанной на превосходстве белых». Оставим на совести автора заявление о «центральной цели Конфедерации», но у нас есть иллюстрация, опровергающая его утверждение, что белые не доверяли оружие неграм. Популярный иллюстрированный еженедельник того времени *Harper's Weekly* напечатал в номере от 10 января 1863 года на первой странице рисунок художника Теодора Дэвиса: два вооружённых чёрных конфедерата. Рисунок иллюстрирует репортаж «Пикеты негров-мятежников» ("Rebel negro pickets").

Довоенный Юг мало напоминал Юг, нарисованный Гарриет Бичер-Стоу в романе «Хижина дяди Тома» и в сочинениях других аболиционистов. И потому что на Юге жили не только негры-рабы, но и свободные негры. И потому что многие свободные негры были рабовладельцами. И потому что отношения белых хозяев с чёрными рабами были далеко не одинаковыми. Не все хозяева были извергами, как не все русские помещики были Салтычихами, как прозвали Дарью Салтыкову, изощрённую садистку в отношении к своим рабам — крепостным крестьянам. Часто — далеко, конечно, не всегда, но часто — чёрные слуги были частью семьи хозяев. Число мулатов, отцы которых были белыми, а матери чёрными, исчислялось тысячами, и белые отцы нередко заботились о рождённых вне брака детях. Дети же мулатов уже мало напоминали цветом кожи своих бабушек, многие были свободными, хотя многие оставались рабами. Как Салли Хеммингс — рабыня-квартеронка, любовница Томаса Джефферсона.

Красить довоенный Юг только двумя красками — белой и чёрной — значит искажать демографию. Следствие такого искажения — нежелание признать, что были рабы — чёрные, полукровки, квартероны, защищавшие свой дом от агрессоров с Севера так же, как защищали белые.

«Чёрные в серой форме» ("Black in Gray Uniforms"). Так военный историк Филлип Томас Такер назвал свою книгу, снабдив её подзаголовком «Новый взгляд на самые забытые боевые части Юга 1861–1865 гг.» ("A New Look at the South's Most Forgotten Combat Troops 1861–1865").

Не пора ли вспомнить о забытых?

Евреи-конфедераты

В 2000 году издательство Университета Южной Каролины опубликовало книгу Роберта Розена «Евреи-конфедераты» ("The Jewish Confederates"), и известный всей стране юрист Алан Дершовиц откликнулся на неё рецензией, в которой в частности написал: «Вы, быть может, не согласитесь с этими еврейскими конфедератами, но, конечно же, поймёте их лучше».

Многие ли читатели — прежде всего читатели-евреи — согласились бы с решением евреев, живших в Конфедерации, защищать с оружием в руках штаты, в которых узаконено рабовладение? Евреи во всём мире празднуют ежегодно Песах — Исход из Египта, где евреи находились в рабстве. Так могут ли евреи защищать рабовладение?

Но в 1861 году, когда началась война, вопрос так вообще не стоял. Северные штаты вели войну за сохранение единства Союза, южные — за свою независимость, а вовсе не для ликвидации или за сохранение института рабовладения. Сегодняшний американский еврей «поймёт их лучше» — если знает историю. Евреи, жившие в штатах, образовавших Конфедерацию, защищали не рабовладение, а свой дом.

* * *

За двадцать лет до начала Гражданской войны, 19 марта 1841 года, еврейская община Чарльстона открывала новую синагогу. Местная газета *The Charleston Courier* цитировала обращение раввина Густавуса Познанского к прихожанам: «Эта синагога — наш *Храм*, этот город — наш *Иерусалим*, эта замечательная земля — наша *Палестина*, и как наши отцы отдавали свои жизни за тот *Храм*, тот *город* и ту *землю*, так и наши сыновья будут защищать этот *Храм*, этот *город* и эту *землю*».

Спустя 20 лет — 12 апреля 1861 года — началась Гражданская война, и чарльстонские евреи, патриоты своего города, решили с оружием в руках отстаивать независимость своей земли — Южной Каролины. В их числе был и сын раввина Познанского. 21 июня 1862 года рядовой Познанский погиб в бою на острове Джеймс, защищая Чарльстон. В этот же день вместе с ним пали рядовой Роберт Коэн и капрал Исаак Валентайн.

Чарльстон был не единственным городом, а Южная Каролина — не единственным штатом с большой еврейской общиной. Первые евреи поселились на Юге в XVII веке. Когда приехали первые, точно не установлено. Считают, что первым был Элиас Легардо, приплывший в Вирджинию в 1621 году. Документально установлено, что евреи жили в Южной Каролине в 1695 году, поскольку принятый в этом году закон Южной Каролины гарантировал религиозную свободу «язычникам, евреям и другим инаковерующим». Спустя восемь десятилетий, в 1773 году, иммигранта из Англии Фрэнсиса Салвадора избрали в Конгресс Южной Каролины, и он стал первым в современной мировой истории евреем, которого народ избрал в законодательный орган.

В Чарльз-тауне (будущем Чарльстоне) синагога Бет-Элохим была открыта в 1749 году. Согласно переписи 1820 года, в Чарльстоне жило примерно 700 евреев, в Нью-Йорке — для сравнения — 550. Первая же синагога на Юге открылась в 1735 году в Саванне (Джорджия). В Ричмонде (Вирджиния) первую синагогу построили в 1789 году. Ювелир-еврей Давид Исаакс продавал золотые вещи Томасу Джефферсону в Шарлотсвилле. Позже, в 20-е годы XIX века, открылась синагога в Новом Орлеане, и вскоре этот город стал еврейским центром Юга.

Общество, в котором жили евреи на Юге, было рабовладельческим, и они приняли этот факт. Исследователь жизни евреев в южных штатах Леонард Диннерстайн писал, что «этот аспект жизни был обычным почти для всех белых...» Следует подчеркнуть: не только для белых. Свободные негры владели большим числом рабов, чем евреи. У трёх чарльстонских негров было рабов в три раза больше, чем у всех чарльстонских евреев вместе взятых. Евреи приняли не только институт рабовладения, но и другие писаные и неписаные законы Юга: кодекс чести, дуэли, право каждого штата на независимость. И когда началась

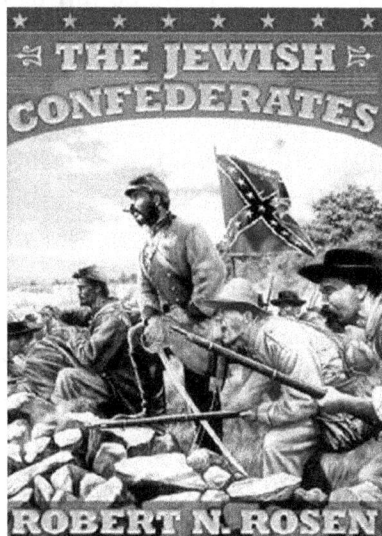

Книга Роберта Розена

Гражданская война, евреи-южане были неотъемлемой частью штатов, вошедших в Конфедерацию.

В 11 штатах Конфедерации жило от 20 до 25 тысяч евреев. Больше всего — около 8 тысяч — в Новом Орлеане, крупнейшем городе Луизианы. Еврей Джуда Бенджамин представлял этот штат в Сенате — верхней палате Конгресса США, он стал министром юстиции в правительстве Конфедерации. Еврей Дэвид Леви Юли представлял в Сенате Флориду. Кроме двух сенаторов, южные штаты делегировали — в довоенные годы — трёх евреев в Палату представителей. Столько же конгрессменов-евреев (но ни одного сенатора) избрали северные штаты в нижнюю палату Конгресса. Но в северных было в 1860 году 120 тысяч евреев — в пять-шесть раз больше, чем в южных. И на Севере евреи часто сталкивались с антисемитизмом.

Конечно, антисемитизм существовал и на Юге, но его масштаб был не сравним с антисемитизмом в северных штатах.

Особенно прославился своим антисемитизмом колониальный Массачусетс. Дореволюционный Бостон отвергал евреев — не в пример дореволюционному Чарльстону.

«Писклявый еврейский делегат из Флориды», — говорил о сенаторе Леви Юли массачусетский конгрессмен Джон Куинси Адамс, уже успевший побывать в кресле президента США.

Когда южные штаты объявили о своей независимости от Союза, газета *The Boston Evening Transcript* возложила вину за это на евреев-южан. «Эта раса, — писала газета, — не имеет своей собственной страны и хочет, чтобы другие оказались в таком же незавидном положении...» В 1864 году, в разгар Гражданской войны, *The New York*

Times писала о главе Демократической партии Огасте Белмонте как об «агенте иностранных еврейских банкиров».

Один из самых заметных пасторов-аболиционистов Теодор Паркер провозглашал, что евреи «убили христианского младенца к Пасоверу». Уильям Ллойд Гаррисон, редактор аболиционистской газеты *The Liberator*, называл нью-йоркского судью-еврея Мордехая Мануэля Ноа «Шейлоком» и «подлым евреем». С антисемитскими заявлениями выступали и другие аболиционисты.

Джуда Бенджамин защищал в Сенате рабовладение в дебатах с коллегами-северянами и был одним из немногих, кто не уступал в дебатах аболиционистам. И были аболиционисты, которые не упускали случая напомнить Бенджамину о его еврействе. Однажды в очередном споре о рабстве сенатор из Огайо Бенджамин Уэйд коснулся древней истории евреев и назвал сенатора из Луизианы «израэлитом с египетскими принципами». Джуда Бенджамин не полез за словом в карман: «Это правда, что я еврей. И когда мои предки получали Десять заповедей из рук Всевышнего на горе Синай, предки моего оппонента пасли свиней в британских лесах».

Евреи, жившие на Севере, осудили своих южных собратьев, в первую очередь

Джуда Бенджамин — министр юстиции в правительстве Конфедерации

политиков, за то, что ни один из них не выступил против рабовладения и против решения Юга отделиться от Союза. И если никто из евреев-южан действительно не выступал против того и другого, то это произошло прежде всего потому, что они руководствовались Талмудом, который учит, что «закон земли (куда пришли евреи) есть закон». Рабовладение на Юге было законом. Да к тому же евреи-южане знали: многие видные аболиционисты — противники рабства — были антисемитами.

Когда Южная Каролина и вслед за ней другие южные штаты объявили о своем выходе из состава Союза, евреи-южане остались верными гражданами своей земли. Типичен пример военного врача майора Дэвида Камдена Де-Леона — гражданина Южной Каролины. Объявление этим штатом независимости застало его в армии, и он тут же подал генералу Винфелду Скотту рапорт об отставке. Они были друзьями, вместе участвовали в Мексиканской войне. Скотт умолял друга отказаться от «предавшей» Союз Южной Каролины, обещал направить его на север страны, подальше от Юга. Он даже угрожал Де-Леону арестом, надеясь его таким образом спасти. Де-Леон всё-таки покинул армию Союза и вступил в армию Конфедерации.

В армии Конфедерации были сотни евреев, однако офицеров, особенно высших, было немного. Полных генералов вообще не было. Это закономерно. Высшее офицерство составляли либо выпускники военных учебных заведений, либо адвокаты, судьи, врачи, политики, учителя. Среди евреев-южан лишь единицы учились в военных учебных заведениях, и к высшему слою принадлежали тоже единицы. Поэтому редкие евреи воевали в чинах выше майорского.

Абрахам Чарльз Майерс, ставший полковником, был одним из редких евреев с военным образованием. Он учился в Вест-Пойнте, участвовал в Семинольских войнах во Флориде, в Мексиканской войне служил под началом генералов Закари Тейлора (будущий президент) и Винфелда Скотта. В 1850 году по решению Майерса на берегу реки Калусахатчи во Флориде был построен форт. Генерал Дэвид Эманэуль Твиггс распорядился «назвать город

Полковник
Абрахам Чарльз Майерс

в честь Абрахама Майерса — Форт-Майерс». Название осталось — несмотря на то что Майерс служил затем в армии Конфедерации. Он нёс ответственность за снабжение армии палатками, одеялами, мундирами, обувью, лошадьми, кибитками. Некоторые армейские командиры считали, что он плохо справляется со своими обязанностями, и в августе 1864 года президент Конфедерации Джефферсон Дэвис сместил Майерса с занимаемой должности. Главная причина, по мнению многих, заключалась в другом: миссис Майерс отозвалась оскорбительно о миссис Дэвис. После смещения Майерс вышел в отставку.

Евреи служили в пехоте, в кавалерии, в артиллерии, в военно-морском флоте армии Конфедерации. Кто не

Курсант Вирджинского военного института Мозес Эйзекиль, участник сражения при Нью-Маркете

был военным (а таких, естественно, было большинство), не дожидались призыва — вступали в армию добровольно. В их числе были и евреи, эмигрировавшие из Германии и имевшие право избежать военной службы, но ставшие добровольцами вскоре после переезда за океан.

Один из них, Теодор Кон, приехал из Баварии к своему дяде в Южную Каролину, оставив родителей на родине. Незадолго до начала войны отец Теодора написал сыну: «Сообщаю тебе моё желание: уезжай побыстрее из этой несчастной страны (Южной Каролины — *А.О.*), потому что через несколько лет она будет лежать в руинах...» Сын не послушался отца и пошёл служить в армию. Он прошёл всю войну, участвовал во многих сражениях, был ранен и дослужился до капрала.

«Мы воевали не ради сохранения рабства, а за права штатов на свободную торговлю. Мы защищали родные дома, в которые бесцеремонно вторгся враг», — писал много лет спустя Мозес Эзекиль, известный американский скульптор конца XIX — начала XX века, который участвовал, будучи курсантом Вирджинского военного института, в сражении при Нью-Маркет (см. главу «Дорогой войны»).

Евреи Ричмонда и всей Вирджинии встретили известие о войне так же, как и остальные жители Конфедерации. В сегодняшнем Ричмонде, в Музее Конфедерации, хранится копия обращения раввина Максимилиана Микелбахера к единоверцам. Он просит молиться за солдат Конфедерации и оказать финансовую поддержку семьям вирджинских добровольцев. Призыв был услышан семьёй Джейкоба и Катерины Эзекиль, у которых было 14 детей; Мозес был пятым по старшинству. Мать Эзекиля сказала однажды, что не потерпела бы в своей семье сына, отказавшегося служить в армии Конфедерации.

Мозес рвался воевать за Конфедерацию. Он поддержал призыв раввина Микелбахера. Отец и мать не возражали, но посоветовали сыну научиться владеть оружием и ездить верхом. 17 сентября 1862 года, за месяц с небольшим до своего 18-летия, Мозес поступил в Вирджинский военный институт.

Мозес Эзекиль стал первым курсантом-евреем в истории Института. Если бы он начал учиться полутора-двумя годами ранее, то одним из его преподавателей был бы Томас Джексон. Но осенью 1862 года генерал Джексон был одним из ведущих командиров армии Конфедерации. В мае 1863 года курсанту Эзекилю выпала честь стоять в почётном карауле у гроба Джексона, прозванного «Каменной Стеной» (Stonewall), поскольку вверенные ему подразделения не отступали, стояли стеной, отбивая атаки врага.

Самая знаменитая работа Мозеса Джейкоба Эзекиля — памятник погибшим конфедератам на Арлингтонском кладбище. В скульптурной группе — негр-конфедерат, марширующий вместе с белыми. Это первый в истории памятник, где запечатлён чернокожий конфедерат... Могила Эзекиля — у подножия памятника. На плите выбито: «Мозес Дж. Эзекиль, сержант роты „Си" батальона курсантов Вирджинского военного института».

* * *

Армия Союза разрушила и сожгла на Юге — особенно в Джорджии и Южной Каролине — тысячи и тысячи домов, ферм, заводов, ничего не щадила, в том числе, конечно, и синагоги. По пальцам можно сосчитать синагоги, не уничтоженные победителями. Однако синагога, в которой раввин Густавус Познанский провозгласил, что сыновья евреев Южной Каролины будут защищать свой Храм, свой город и свою землю, по-прежнему стоит на Хаселл-стрит в Чарльстоне.

Женщины на войне

«У войны не женское лицо» — так назвала белорусская писательница лауреат Нобелевской премии Светлана Алексиевич сборник своих интервью с женщинами-участницами Второй мировой войны. Её книга убеждает: война — не женское дело. Всегда была не женским. Но женщины всегда участвовали в войнах, участвовали с незапамятных — в буквальном смысле этого слова — времён. Об этом свидетельствуют раскопки археологов, саркофаги, фрески... И самая кровопролитная в истории Соединённых Штатов война — Гражданская — не стала исключением. Женщины воевали и в армии Союза, и в армии Конфедерации, хотя высшее командование тех и других запрещало женщинам воевать.

Нет точной цифры женщин, сражавшихся с оружием в руках. «Между пятьюстами и одной тысячей», — пишет Элизабет Леонард, профессор истории Колби-колледжа (штат Мэн), в книге о женщинах на Гражданской войне. Это, разумеется, ничто — в сравнении с многотысячными армиями северян и южан на Восточном и Западном театрах четырёхлетней войны. Лишь единицы. Но все они — «между пятьюстами и одной тысячей» — героини. Обманывали военное начальство, объявив себя и одевшись мужчинами, и разделяли с мужчинами все невзгоды, включая многокилометровые переходы и бивуачную жизнь.

Некоторые вступали в армию вместе с мужьями или братьями. Малинда Блелок назвалась Самуэлем и записалась, как только началась война, добровольцем вместе с мужем в 26-й северо-каролинский полк армии Конфедерации. Вскоре она и муж присоединились в горах Северной Каролины к партизанам-юнионистам.

Флорена Бадвин воевала вместе с мужем-капитаном в армии Союза. Она была захвачена конфедератами и умерла в плену от пневмонии.

Фрэнсис Клейтон записалась в армию Союза как Джек Уильямс и воевала бок о бок со своим мужем.

Фанни Уилсон вступила добровольцем в армию Союза вместе с подругой Нелли Грейвс. Обе были ранены и, оказавшись в госпитале, были опознаны и изгнаны из армии.

Разведчицы, или, если вам угодно, шпионки, — и северянки, и южанки — обычно не скрывали свой пол и добывали необходимые сведения как раз благодаря полу, вступая в связь с офицерами вражеской стороны. Как конфедератка Белле Бойд, упомянутая мной в главе «Дорогой войны».

Однако для рассказа о женщинах Гражданской войны я выбрал не героинь, участвовавших в боях, и не шпионок. Ибо среди воевавших — «от пятисот до тысячи» — выбор большой, — трудно выделить кого-то. И я выбрал женщину, не державшую в руках оружие. Я выбрал медицинскую сестру Клару Бартон.

***

Когда вы едете в Нью-Джерси по межштатной автостраде № 95, то около съезда № 5 проезжаете станцию обслуживания имени Клары Бартон (Clara Barton service area). К сожалению, сегодня немногим известно это имя, особенно иммигрантам из России и других бывших советских республик.

Кларисса-Харлоу (Клара) Бартон стала медсестрой почти случайно. В день начала войны — 12 апреля 1861 года — она работала в Вашингтоне в правительственной организации (патентном бюро) и не думала об ухаживании за ранеными. А в девятый день войны — 21 апреля — в Вашингтон прибыл поезд с убитыми и ранеными — жертвами Балтиморских беспорядков (Baltimore Riots), первого кровопролития Гражданской войны. Жертвами были солдаты 6-го ополчения Массачусетса, прибывшие из Бостона в Балтимор поездом на пути следования в Вашингтон. Ополченцам следовало пересечь город, чтобы попасть на поезд, направляющийся в Вашингтон. Путь им преградили несколько сот балтиморцев. Командование ополчения не учло, что в Балтиморе, как и во всём Мэриленде, рабовладельческом штате, было более чем достаточно сторонников Конфедерации. Ополченцы-северяне прорвались с боем и потерями к поезду на Вашингтон. В столице уже знали — спасибо телеграфу — о сражении в Балтиморе, и рождённая в Массачусетсе Клара Бартон поспешила на вокзал, чтобы оказать помощь землякам.

Это был первый опыт ухода за раненными 39-летней федеральной служащей Бартон, в прошлом школьной

Клара Бартон

учительницы. И тогда Клара решила: её место не в офисе. Начиная с 21 апреля, она ежедневно, на протяжении всей войны, ухаживала за ранеными, доставляла им медикаменты, одежду, еду...

«Случилась война, и я будто бы ждала её. Я была здорова, сильна и молода — достаточно молода, чтобы идти на фронт. И если я не могла стать солдатом, я хотела помогать солдатам», — говорила позднее Бартон.

С первых же дней Бартон пришлось воевать с военным министерством, не желавшим видеть «посторонних». С ней ещё мирились в тылу, но не хотели видеть близко от линии фронта. Однако в августе 1862 года Бартон удалось-таки получить разрешение отправиться на поля сражений, и она немедленно воспользовалась этим.

«Бывает, мне приходится сталкиваться с опасностью, но я никогда не боюсь опасности. До тех пор, пока солдаты могут терпеть и сражаться, я тоже могу терпеть, кормить их и ухаживать за ними», — рассказывала она журналистам, от которых со временем не было отбоя.

Росли известность Бартон и её репутация в солдатской среде. «Ангелом поля битвы» ("Angel of the Battlefield") называли Клару раненые и их родственники, которым раненые писали о медсестре. Она стала получать письма от родственников и друзей солдат, пропавших без вести. Писали родные и тех, кто попал в плен и с кем прервалась связь. Они просили Бартон узнать «хоть что-нибудь» о муже, брате, сыне...

Когда война началась, никому не могло прийти в голову, что пленные — с той и другой стороны — будут исчисляться не единицами и десятками, а сотнями, тысячами и даже десятками тысяч. Враждующие стороны не сомневались, что после окончания любого сражения победившая сторона передаст потерпевшей поражение всех раненых и убитых, найденных на поле боя. А захваченные в плен солдаты и офицеры будут обменены на пленных, захваченных другой стороной. В первые полтора года войны так и происходило. Но когда президент Линкольн и его генералы убедились, что обменённые конфедераты вновь вступают в армию, Союз отказался от обмена. Ответная мера Конфедерации не заставила себя ждать.

Взятых в плен отправляли в военные тюрьмы, которые в то время не называли концентрационными лагерями, хотя по сути это были концлагеря. И чем дольше продолжалась война и чем ограниченнее становились возможности воюющих сторон в обеспечении всем необходимым армии и гражданского населения, тем хуже было состояние находившихся в плену.

Лонни Спиир, автор книги «Врата ада: военные тюрьмы Гражданской войны» ("Portals to Hell: Military Prisons of the Civil War"), пишет: «Хотя пропаганда во время и после войны убедила многих, что конфедератские тюрьмы были гораздо страшнее тех, что содержал Союз, тщательная проверка даёт основания считать, что разницы почти не было. Если солдат Союза трясло от страха у ворот Андерсонвильской тюрьмы, то у конфедератов подкашивались ноги, когда они узнавали, что их направляют в Форт-Делавэр или Элмиру».

За время войны в плену оказались 674 тысячи солдат и офицеров. Обменены были 254 тысячи. Остальные — почти 420 тысяч — находились в более чем 150 лагерях и тюрьмах. Больше 56 тысяч умерли в лагерях.

В лагерях и тюрьмах Конфедерации умерли 30 218 северян — чуть больше 15 процентов пленных. В лагерях и тюрьмах Союза умерли 25 796 южан — чуть больше 12 процентов пленных.

Оказавшиеся в плену часто не имели никакой возможности связаться с родными, и родные, не получив вразумительного ответа на свои запросы от армейского начальства, обращались к каждому, кто, по их мнению, мог навести справки о пропавшем без вести. Поиски затруднялись ещё и тем, что солдаты не носили на цепочке жетон с именем и фамилией. Такие жетоны (названные "dog tags") появились в американской армии только в 1899 году. Во время Гражданской войны каждый сам изобретал что-нибудь, что позволило бы распознать его в случае смерти. Одни писали свои имена на кусочке картона и прикрепляли к форме. Другие писали имя на деревяшке, которую носили на цепочке. Третьи заказывали в журнале *Harper's Weekly* рекламировавшиеся в журнале и отправляемые по почте значки, на которых были выгравированы имя заказчика и номер его подразделения. Но у многих не было никаких опознавательных знаков, и поэтому убитых и умерших часто закапывали в землю неопознанными. Были тысячи пропавших без вести.

В январе 1865 года, когда исход войны был практически решён, Бартон обратилась к Линкольну с просьбой разрешить ей — официально — заняться поисками пропавших без вести. В марте президент одобрил создание Управления пропавших без вести солдат (Office of Missing Soldiers), и в последние — апрельские — дни войны Бартон приступила к работе. В течение трёх последующих лет — до закрытия офиса в 1868 году — она получила более 60 тысяч писем. Благодаря ей были установлены места захоронений более чем 22 тысяч пропавших без вести солдат.

Деятельность Клары Бартон широко освещалась в европейских газетах, назвавших её «Американской Флоренс Найтингейл» — по имени англичанки Флоренс Найтингейл — первой в современной истории сестры милосердия, помогавшей раненым во время Крымской войны (1853–65 гг.). Она с 38 помощницами оказывала помощь английским солдатам в полевых госпиталях, а после войны открыла в Лондоне школу для сестёр милосердия. «Американскую Найтингейл» — Клару Бартон — встречали на ура в Европе в 1868 году.

Музей Клары Бартон в Вашингтоне

В 1869 году Бартон пригласили в Женеву, где шестью годами ранее родился Международный комитет Красного Креста, и попросили возглавить американское отделение Красного Креста. Бартон пришлось приложить немалые усилия, чтобы убедить соотечественников в необходимости такой организации. Большинство американцев не сомневалось, что никогда не повторится такая катастрофа, как Гражданская война. Бартон настаивала: Красный Крест необходим в мирное время не меньше, чем в военное. Ей удалось убедить сограждан. Американское отделение Красного Креста было создано в 1881 году, Клара Бартон стала его президентом и ушла в отставку в 1904 году в возрасте 83 лет. Она умерла в годовщину со дня начала Гражданской войны — 12 апреля 1912 года.

Не случись Гражданской войны, о Кларе Бартон знали бы единицы — родные, друзья, сослуживцы. Но она оказалась, как говорят американцы, в нужное время в нужном месте — 21 апреля 1861 года в Вашингтоне, куда прибыл поезд с ранеными солдатами массачусетского ополчения.

Гомер американского Юга

Шелби Фута хоронили под огромной магнолией на кладбище Элмвуд неподалёку от Мемфиса, штат Теннесси. Это место он выбрал сам за много лет до смерти — вскоре после того, как написал предисловие к истории кладбища, открытого в 1852 году. Среди 70 тысяч «обитателей», как назвал Шелби тех, кто похоронен здесь, обрели вечный покой губернаторы и сенаторы, бизнесмены и издольщики, стражи закона и преступники. Здесь же находятся могилы более чем тысячи участников Гражданской войны, о которой Фут написал трёхтомную историю.

Фута похоронили рядом с могилами семьи генерала Конфедерации Натана Бедфорда Форреста, одного из самых известных военачальников, о котором на Юге сложены легенды и о котором вряд ли услышишь доброе слово в сегодняшней Америке. Форреста похоронили в Элмвуде в 1877 году, но в 1904-м его останки перезахоронили в парке, носящем его имя.

Фут умер 27 июня 2005 года. Похороны 30 июня были немноголюдными — несмотря на его общенациональную известность. Пастор Джон Сиуэлл из епископальной церкви Св. Джона в Мемфисе объяснил это желанием жены умершего: «Она сказала мне, что мистер Фут не хотел ничего грандиозного. Он не хотел, чтобы собралось много людей и каждый говорил, каким замечательным человеком был покойный».

А ведь Шелби Фут, скончавшийся в возрасте 88 лет, был действительно замечательным человеком.

Его жизнь можно разделить условно на две неравные части — до сентября 1990 года и после. В ноябре этого года Футу исполнилось 74 года, и он многого достиг: автор нескольких романов и фундаментальной трёхтомной истории Гражданской войны, писатель, талант которого был отмечен ещё в конце 50-х годов Уильямом Фолкнером... «Я никогда не думал прожить больше 65-ти», — говорил Фут в одном из интервью и, естественно, не предполагал, что станет когда-либо знаменитостью. Его жизнь изменилась после того, как по каналам Общественного телевидения в течение пяти сентябрьских вечеров 90-го года был показан телесериал «Гражданская война». Он не имел никакого отношения к сочинениям Фута, который участвовал в нём в качестве комментатора.

Создатель телесериала Кен Бернс пригласил Фута комментировать события войны между Севером и Югом — после настоятельного совета Роберта Пенна Уоррена. «Если собираетесь рассказывать о Гражданской войне, вам следует интервьюировать Шелби Фута», — сказал Бернсу Уоррен, трижды Пулитцеровский лауреат (за поэзию и прозу) и автор исторического исследования «Наследие Гражданской войны» ("Legacy of the Civil War"). Бернс прислушался к совету, и 14 миллионов зрителей (столько собиралось каждый вечер у телеэкранов) увидели и услышали седого господина, рассказывавшего о самой кровопролитной в истории Америки войне. Он говорил не спеша, время от времени попыхивая трубкой. Он повествовал о войне из своего рабочего кабинета, располагавшего не к войне, а к миру. И он сам располагал к себе каждого слушавшего. Для всех, кто видел и слышал его, он стал человеком, олицетворявшим Юг.

Феноменальным успехом телесериал был обязан в первую очередь Шелби, и это прекрасно понимал его автор. «Я провёл с ним два дня и понял, что рассказывать должен только он, — говорил Бернс о комментаторе. — Получить Шелби было равнозначно тому, чтобы получить самого Бобби Ли!»

Да, действительно, и своим видом, и спокойной манерой говорить, и, конечно же, южным акцентом Шелби Фут заставлял каждого вспомнить о Роберте Ли — про-

Шелби Фут (слева) и Кен Бернс
на съёмках телесериала «Гражданская война»

славленном генерале Конфедерации. В течение пяти вечеров он появился на телеэкране 89 раз и стал «звездой» национального масштаба. Трёхтомник о Гражданской войне, который прочитали десятки тысяч, теперь читали сотни тысяч. Стали переиздаваться большими тиражами романы и повести Фута. Приглашения выступать приходили со всех концов страны — из университетов, библиотек, общественных организаций. Не было отбоя от журналистов, настаивавших на интервью. «Кошмар», — сказал однажды он в ответ на вопрос о текущей жизни. Репортёру, желавшему узнать, есть ли у Фута какие-либо хобби, он ответил в сердцах: «Никаких!» А затем добавил, чтобы тот, наконец-таки, отстал: «Люблю иногда выпить».

Но слава есть слава. От неё никуда не денешься. И Футу пришлось рассказывать на старости лет о своей жизни и, конечно, о том, почему жизнь Юга и, разумеется, война Юга и Севера заняли центральное место в его творчестве.

«Любое понимание этой страны, — говорил Фут, — должно основываться, и я имею в виду по-настоящему основываться, на изучении Гражданской войны. Я совершенно в этом уверен. Она определила нас. Революция внесла свою лепту. Наше участие в европейских войнах, начиная с Первой мировой, также внесло. Но Гражданская война сделала нас такими, какие мы есть, определила наши хорошие и плохие стороны, и если вы собираетесь постичь американский характер XX века, вам совершенно необходимо изучить великую катастрофу XIX. Это был перекрёсток нашего бытия, и этот перекрёсток был адским».

Родившийся в Гринвилле (штат Миссисипи) в 1916 году Фут знал об этом по рассказам в своей семье и по рассказам людей, переживших Гражданскую войну и страшный для Юга период Реконструкции, когда бывшие штаты Конфедерации жили под оккупантами с Севера. Прадед писателя полковник Хезекай Уильям Фут был противником отделения южных штатов, но пошёл сражаться за Юг. «И я пошёл бы. Я был бы со своим народом вне зависимости от того, прав народ или неправ, — говорил Фут в беседе с Тони Горвицем, автором книги «Конфедераты в подполье» ("Confederates in the Attic"). — Был бы я против рабства или нет — я был бы с Югом. Общество нуждается во мне — и значит я с ним».

Победившему Северу был предложен экзамен, и победители, считает Фут, этот экзамен провалили. «Рабство было первым большим злом в этой стране. Вторым злом, — уверен он, — была эмансипация, точнее то, как она проводилась. Правительство объявило четырём миллионам: «Вы свободны! Идите куда хотите!» Но три четверти из них не умели читать и писать. Лишь единицы имели какую-либо профессию...»

«Ни одна из тринадцати колоний не присоединилась бы к Союзу, если бы не считала, что может так же легко выйти из его состава», — говорил Фут другому интервьюеру, объясняя, почему южные штаты не нарушали никаких законов, порывая с Соединёнными Штатами.

Фут рос, уверенный в этом, и сохранил уверенность до конца дней. В Гринвилле не праздновали 4 июля. Для жителей штата Миссисипи это был не день Независимости, а день траура: 4 июля 1862 года северяне захватили город Виксберг, переломив тем самым ход войны на Западном фронте.

Сочинительством Фут увлёкся ещё в школе — писал и редактировал школьную газету. Он стал и постоянным автором журнала *Carolina* в Университете Северной Каролины, в который поступил в 1935 году; писал рассказы и книжные рецензии. Его интересовали только два предмета: английский язык и история, и он просиживал днями в университетской библиотеке, пропуская лекции по всем остальным предметам. Фут проучился два года и покинул «конформистский», как он говорил, университет. Он вернулся в Гринвилл, где брался за различные работы и в частности сотрудничал с городской газетой *Delta Star*. Тогда же Фут записался в Национальную гвардию штата Миссисипи, изучил артиллерийское дело, и когда Америка вступила во Вторую мировую войну, он в чине капитана стал инструктором новобранцев. В 1943 году дивизию, в которой он служил, отправили на Британские острова, где американская армия готовилась к высадке на континент. Но принять участие в десанте в Нормандии он не смог.

Капитан Фут не поладил с вышестоящим начальством, полковником, вступившись за подчинённого, и начальник нашёл способ ему отомстить. Повод для этого дал сам Фут. Его часть располагалась неподалёку от Белфаста. Здесь в один из выходных дней капитан познакомился с девушкой, и время от времени вырывался на свидания. Но для этого каждый раз требовалось разрешение. Однажды Фут пренебрёг разрешением, его отсутствие было замечено. Он пошёл под трибунал, был разжалован и отправлен в Америку.

Для парня, выросшего на Юге, отчисление из армии было позором. Вернуться домой, когда продолжалась война, он не мог. Фут задержался в Нью-Йорке и стал сотрудничать с информационным агентством Ассошиэйтед-пресс. Сотрудничество продолжалось недолго. Ему удалось записаться рядовым в корпус морской пехоты. В Сан-Диего он готовился вместе с другими новобранцами к высадке в Японии. Высадки не потребовалось. Её отменила атомная бомбардировка Хиросимы и Нагасаки. Война закончилась.

Фут вновь занялся творчеством — продолжал писать в городскую газету Гринвилла, а затем его рассказы начала печатать нью-йоркская *Saturday Evening Post*, которую читала вся страна. Это был успех! Воодушевлённый Фут приступил к сбору материалов к трём, как он планировал, романам о Юге. В 1952 году в свет вышел роман «Шайло», повествующий о сражении в апреле 1862 года в Теннесси у протестантской церкви Шайло, где в течение двух дней северяне и южане потеряли убитыми и ранеными 24 тысячи солдат — больше чем в Войне за независимость, в войне 1812 года и в Мексиканской войне. Перед тем как писать роман и уже в ходе работы над ним Фут посетил место сражения у Шайло больше 20 раз. Приезжал туда к рассвету, поскольку на рассвете началось сражение. «Клянусь, я мог видеть и слышать солдат, идущих по лесу», — вспоминал он.

Роман «Шайло» имел успех, и Фут готовился приступить к осуществлению второй части проекта — теперь уже в Мемфисе, в 150 милях вверх по Миссисипи от Гринвилла. Неожиданное предложение издательства "Random House" не только нарушило планы писателя, но и кардинальным образом изменило его жизнь.

Приближалось столетие Гражданской войны, и владелец издательства Беннет Керф, с увлечением прочитавший роман «Шайло», предложил Футу написать краткую историю войны. Фут принял предложение. Во-первых, его всегда интересовала эта война. Он с детских лет читал книги о ней, встречался с очевидцами. Во-вторых, его устраивали сроки написания — Керф не торопил. В-третьих, удовлетворяли финансовые условия. Фут подписал контракт и приступил к сбору материалов. Через несколько месяцев он осознал, что одним томом ограничиться нельзя, и отправил в издательство предложение о трёхтомной истории. Ответ пришёл через полторы недели: «Согласны. Приступайте». Тогда, в 1954 году, он не представлял, что ему потребуется на это 20 лет. «К счастью, у них хватило терпения», — сказал он в одном из интервью о руководителях издательства.

Готовясь к написанию, Фут прочитал десятки воспоминаний и биографий участников Гражданской войны, изучил правительственную 158-томную военную историю войны, побывал в тысячах мест, где проходили сражения — от гигантских и вошедших в историю до почти забытых. Он хотел ощутить себя как в серой форме конфедерата, так и в синей форме униониста.

Результатом явился труд в 1 миллион 650 тысяч слов — в два раза больше Библии. Первый том вышел в свет в 1958 году. Второй том был опубликован в 63-м. И потребовалось ещё 11 лет, прежде чем читатели получили последний том.

Реакция на гигантский труд была неоднозначной. Многие южане в штыки встретили работу Фута, обвиняя его в «предательстве» Юга. Он не оправдывал ни Север, ни Юг, а это не вызвало аплодисментов и на Севере. Мнение рядовых читателей разделилось, и речь шла только о литературных качествах. Профессиональные историки

Шелби Фут

негодовали. Одни жаловались на то, что Фут не уделил достаточного внимания политическим факторам. Другие считали, что и экономическим факторам, приведшим к войне, не уделено внимания. Все хором жаловались на отсутствие каких-либо ссылок на использованную литературу. Джеймс Макферсон, профессор истории Принстонского университета, труд которого о Гражданской войне считается классическим, написал, что Фут с предубеждением относится к Линкольну и к Северу. И, наконец, историки в один голос говорили о трёхтомнике как о «литературе», а не истории.

Фут никогда не выдавал себя за профессионального историка или военного эксперта и не скрывал того, что думает о своей работе: «Да, я писал её, как пишут художественные произведения. И не правы профессиональные историки, считающие, что хорошая литература мешает истории. Может быть, именно поэтому многие не читают историю».

Трёхтомник Фута имел ограниченный успех. Бестселлером он не стал. Его прочитали, конечно, все, кто интересуется Гражданской войной. Но он не занял место в домашних библиотеках. В сентябре 1990 года всё изменилось. В этом месяце Фут вошёл в дома миллионов американцев, и начался литературный бум его произведений, не только исторических, но и художественных, написанных как до 1954 года, так и после 1974-го. В конце сентября 1990 года каждый день продавалось не менее тысячи экземпляров изданного книгой в мягкой обложке текста сериала «Гражданская война». Летом 1991 года издательство "Random House" рапортовало о продаже 130 тысяч экземпляров трёхтомника «Гражданская война».

«Кен, вы сделали меня миллионером», — сказал Фут автору телесериала Бернсу.

В 1999 году издательство "Modern Library" поставило труд Фута о Гражданской войне на 15-е место в списке 100 лучших документальных произведений XX века, написанных на английском языке.

В сообщении о смерти Фута газета *Atlanta Journal Constitution* сравнивала его с Гомером, описавшим в «Иллиаде» Троянскую войну. Гражданская война с её героями и трагедиями означала для Америки не меньше, чем Троянская для Древней Греции. «Мы потеряли современного Гомера», — писала выходящая в столице Джорджии газета. Она была не первой, провёдшей такой сравнение.

Справедливо ли оно, нам не суждено узнать. Для этого надо заглянуть в следующее тысячелетие: будут ли читать американцы «Гражданскую войну» Шелби Фута?

До конца своих дней Фут жил жизнью человека своего времени, не обращая внимания на достижения науки и техники. Писал он пером, опуская его в чернила. Пользовался телефоном-вертушкой. Никогда не держал секретарей и помощников. Сам отвечал на письма. Фут часто цитировал поэта Джона Китса: «Факт не становится правдой, пока вы не полюбили его». Он любил факты Гражданской войны, и именно поэтому написанная им история читается, как произведение искусства.

Война
в поле зрения историков

В Соединённых Штатах всегда существовал интерес к войне Союза и Конфедерации, или, как её принято называть, Гражданской войне. За годы, минувшие после этой войны, о ней и её участниках написано столько книг, сколько ни об одном другом событии в истории страны. «Более 60 000 книг, и каждый месяц появляется всё больше», — информирует Википедия.

Время от времени интерес к войне ослабевает, время от времени растёт. С 2011 года по 2015-й едва ли не ежедневно отмечалась какая-либо 150-летняя годовщина: со дня первых по форту Самтер (Южная Каролина) выстрелов, случившихся 12 апреля 1861 года, до 9 апреля 1865 года, когда генерал конфедератов Роберт Эдвард Ли встретился в местечке Аппоматтокс (Вирджиния) с генералом юнионистов Улиссом Грантом, чтобы согласовать условия капитуляции.

Интерес к войне Союза и Конфедерации возрастает всегда, когда происходит нечто необычное, но связанное в той или иной степени с этой войной. Например, то, что случилось 12 августа 2017 года в вирджинском городе Шарлотсвилле. Здесь произошли столкновения, поводом к которым стало решение местных властей снести конный памятник генералу Ли. События в Шарлотсвилле послужили сигналом к общенациональной истерии в отношении памятников конфедератам, потерпевшим поражение в войне, которую школьные учителя, университетские профессора, бесчисленные авторы книг, журнальных очерков, газетных статей называют Гражданской. Но была ли гражданской война Союза с Конфедерацией?

В гражданских войнах друг другу противостоят две стороны, и цель каждой — установить контроль в стране, захватить власть. Примеров — предостаточно, поскольку история знает десятки гражданских войн. Некоторые мы помним со школьной скамьи. Вот только три.

В гражданских войнах в Англии в 40–50-е годы XVII века роялисты — сторонники абсолютной власти короля — сражались с парламентариями — сторонниками ограничения власти монарха. В результате этих войн реальная власть в стране перешла к Парламенту.

В Гражданской войне в России на границе второго и третьего десятилетий XX века за власть сражались «красные» и «белые». Победа красных привела к установлению советского (коммунистического) тоталитарного режима.

В Гражданской войне в Испании в 30-е годы XX века республиканцы пытались установить свою власть в стране, но были разбиты националистами под руководством Франциско Франко.

Война Союза и Конфедерации гражданской не была. Семь южных штатов, образовавших Конфедерацию в феврале 1861 года (позднее к ним присоединились ещё четыре) не претендовали на власть над остальными штатами. Если бы претендовали, то уже в начале войны захватили бы столицу США. 21 июля произошла первая серьёзная битва — в Вирджинии, у местечка Манассас, в 21 миле к юго-западу от Вашингтона. Юнионисты (северяне) были настолько уверены в победе, что не имели ничего против присутствия зрителей. Из Вашингтона приехали сотни любопытных, в том числе и женщины. Они расположились вдоль дороги, ведущей в столицу, в ожидании спектакля — победы. Но зрителям пришлось бежать по этой дороге вместе с отступавшими в панике солдатами. Президент Авраам Линкольн и его министры, собравшиеся в ожидании телеграммы о победе, получили иную: «Армия генерала Макдауэлла в беспорядке отступает. День поражения. Спасайте Вашингтон и остатки армии». Однако победители на Вашингтон не пошли, хотя дорога была открыта. Не пошли, потому что перед ними не стояла задача захватить столицу Союза. Задача была другой: изгнать врага с территории Вирджинии. Вот вам и «гражданская» война.

У этой войны есть и другие названия. Наиболее распространённое: «Война между штатами» ("War Between the States"). Это название вошло в обиход во время войны и сохранилось до сих пор. Президент Франклин Делано Рузвельт публично говорил о «четырёхлетней Войне между штатами». В 1994 году почтовое ведомство США выпустило серию марок, названных «Гражданская война — Война между штатами».

По-разному называли войну на Севере и Юге. Северяне считали южан бунтовщиками, мятежниками и говорили о «Войне с бунтарями» ("War of the Rebellion") и о «Большом мятеже» ("Great Rebellion"). Южане говорили о «Войне с северными агрессорами» ("War of Northern Aggression"), о «Войне за свободу» ("Freedom War"), о «Войне Линкольна» ("Lincoln's War"). Но самым распространённым названием было — и остаётся — «Война за независимость Юга» ("War for Southern Independence").

Потерпевшие поражение назвали проигранную войну *The Lost Cause*. Такое название категорически отвергают сегодняшние историки, политики, общественные деятели, пропагандирующие, что Союз сражался за освобождение рабов, а Конфедерация — за сохранение рабовладения. Они считают расистами каждого, кто говорит о *The Lost Cause*. Но тот, кто уверен, что южане сражались за независимость, убеждён: *The Lost Cause* — точное определение войны.

Но почему не *The Lost War*, — Проигранная Война, а *The Lost Cause* — Проигранное Дело?

У названия, выбранного проигравшими, есть история — достаточно далёкая для американцев конца XX — начала XXI века, но весьма близкая американцам середины XIX века. Это история борьбы жителей тринадцати североамериканских колоний Англии за независимость от британской короны. Колонисты не были американцами. Они были вирджинцами, ньюйоркцами, пенсильванцами, жителями Новой Англии. Борьбу с Англией они не называли Революцией. И начавшуюся в 1775 году войну не называли Войной за независимость. Противостояние Англии они называли «Делом» — *The Cause*. Называли так всюду — в семейных разговорах, в спорах на сходках, в газетах, в переписке… «Делом» называли войну командующий континентальной армии Джордж Вашингтон и его соратники. «Делом» называли её депутаты Континентального конгресса тринадцати колоний, провозгласившие независимость 4 июля 1776 года.

Почему «мятежники» (по определению англичан) не говорили о войне, о революции? Почему о Деле? Вот как отвечает на этот вопрос один из лучших историков революционной эпохи Джозеф Эллис: «Термин, который они использовали для описания войны за независимость, был „Дело“ — удобный двусмысленный ярлык, обеспечивавший словесный покров, под которым могли сосуществовать разнообразные политические и региональные убеждения», — пишет Эллис в книге «Дело: Американская революция и её ошибки, 1773–1783» ("The Cause: The American Revolution and Its Discontents, 1773–1783").

И если «мятежники»-американцы, сражавшиеся за независимость от Англии, называли войну «Делом», то почему бы не назвать «Делом» войну, в которой за независимость сражались «мятежники»-конфедераты? Война за независимость была «Делом» и тех, и других.

Война закончилась в 1865 году, и в следующем году в поверженной Вирджинии вышла книга «Проигранное дело: новая южная история войны конфедератов» ("The Lost Cause: A New Southern History of the War of the Confederates"). Книгу написал и опубликовал Эдвард Альфред Поллард — журналист, работавший в министерстве юстиции правительства Конфедерации. Это была одна из первых книг о войне. Через два года, в 1868-м, он же опубликовал книгу «Проигранное дело отыграно» ("The Lost Cause Regained"). Оккупация федеральными войсками поверженных штатов бывшей Конфедерации всё ещё продолжалась, а Поллард уже писал об «отыгрыше»: дескать, хоть и проиграли, но отыгрались — остаёмся такими же, как и прежде. И вскоре Юг перестал оплакивать поражение. Проигранная война — The Lost Cause — стала предметом гордости военного поколения, а затем последующих поколений.

Этот взгляд на Гражданскую войну доминировал в течение десятилетий в работах многих историков, игнорировавших бедственное положение негров на Юге после завершения оккупации бывших штатов Конфедерации федеральными войсками в 1877 году. В 50—60-е годы двадцатого века тон большинства книг о Гражданской войне начал меняться.

THE LOST CAUSE;

A New Southern History of the War of the Confederates.

COMPRISING

A FULL AND AUTHENTIC ACCOUNT OF THE RISE AND PROGRESS OF THE LATE SOUTHERN CONFEDERACY—THE CAMPAIGNS, BATTLES, INCIDENTS, AND ADVENTURES OF THE MOST GIGANTIC STRUGGLE OF THE WORLD'S HISTORY.

DRAWN FROM OFFICIAL SOURCES, AND APPROVED BY THE MOST DISTINGUISHED CONFEDERATE LEADERS.

BY

EDWARD A. POLLARD, OF VIRGINIA,

WITH NUMEROUS SPLENDID STEEL PORTRAITS.

SOLD ONLY BY SUBSCRIPTION.

New York:
E. B. TREAT & CO., PUBLISHERS.
1866.

Первое издание книги Эдварда Полларда «Проигранное дело»

Как и предсказывал Уолт Уитмен, работавший во время войны в госпиталях Вашингтона, «Настоящая война никогда не попадёт в книги».

Американский писатель с вьетнамскими корнями Вьет Тхань Нгуен сказал спустя полтора столетия после Уитмена: «Все войны ведутся дважды. Первый раз на полях сражений, второй раз — в памяти». Одно и то же событие можно трактовать по-разному. Обратимся — в качестве примера — к Геттисбергской речи Авраама Линкольна.

Линкольн выступил с короткой — двухминутной, всего 272 слова — речью 19 ноября 1863 года на открытии солдатского кладбища в Геттисберге. В этом пенсильванском городе четырьмя с половиной месяцами ранее — с 1 по 3 июля — произошло сражение Союза и Конфедерации, завершившееся победой северян и ставшее переломным в войне.

Сегодняшняя Америка славит Геттисбергскую речь Линкольна, называет её исторической, печатает в учебниках и книгах, пропагандирует на лекциях. Полный текст речи высечен на плите в Мемориале Линкольна в Вашингтоне. Реакция же современников на речь президента была неоднозначной.

«Каждый американец должен ощущать жжение стыда за такие глупые, поверхностные и мутные высказывания, изрекаемые человеком, которого образованным иностранцам представляют как президента Соединённых Штатов», — писала газета The Chicago Times... Лондонская Times так откликнулась на выступление Линкольна: «Благодаря несуразным репликам этого жалкого президента Линкольна, церемония в Геттисберге выглядела совершенно смешно»... Генри Луис Менкен, известнейший американский журналист первых трёх десятилетий XX века, писал, что заключительные в речи слова Линкольна «власть народа, волей народа и для народа не исчезнет с лица земли» должны быть адресованы Югу, а не Северу, ибо «на самом деле за право людей на самоуправление» воевали южане, а не северяне.

Чарльз Диккенс, побывавший в Америке дважды — в 1842 году, то есть за два десятилетия до войны, и в 1868 году, сразу же после войны, — писал: «Нападение Севера на рабство (the Northern onslaught on slavery) было не более чем благовидным обманом, призванным скрыть его стремление к экономическому контролю над южными штатами». Иными словами: экономика играла важную — возможно, первостепенную — роль в решении Линкольна не допустить самоопределения южных штатов. Но даже если экономика играла всего лишь «надцатую» роль, историкам, пишущим о Гражданской войне, не следует, я полагаю, игнорировать её влияние на развязывание войны.

В очерке «За что боролись Союз и Конфедерация» был упомянут мною закон о тарифах, внесённый на рассмотрение Конгресса в 1859 году и имевший весьма неприятные последствия для южных штатов, экономика которых зависела от экспорта сельскохозяйственной продукции. Закон получил название по имени его инициатора — конгрессмена Джастина Смита Моррилла, республиканца из Вермонта. Южные штаты были против закона. Конгресс одобрил закон в 1861 году, и Авраам Линкольн, ставший к этому времени президентом, подписал его.

Этот факт не замечают многие историки, пишущие о Гражданской войне. Закон Моррилла даже не упомянут Джеймсом Макферсоном в книге «Боевой клич свободы: эра Гражданской войны», обязательной для чтения каждому, кого интересует эта эра. На 451-й странице Макферсон называет конгрессмена Моррилла «архитектором республиканского закона о тарифах» и... и дальше — ни слова, ни полслова о законе, который не мог не оказать влияния на решение южных штатов выйти из состава Союза.

Почему пулитцеровский лауреат Макферсон (бывший президент Американской исторической ассоциации) скрыл от читателя факт, который повлиял на события, предшествовавшие войне? Не потому ли, что этот факт не укладывается в его концепцию о причинах войны, которая утверждает: вопрос о рабовладении был главным, а всё остальное имело второстепенное значение…

Макферсон — не единственный историк, прибегающий к умолчанию — сокрытию — фактов, противоречащих избранному нарративу о Гражданской войне. Многие историки утверждают, что выход южных штатов из Союза представлял собой нарушение Конституции, но не упоминают в своих работах книгу Уильяма Роули «Взгляд на Конституцию» ("Views of the Constitution"). Эту книгу штудировали в 1825–26 учебном году курсанты Военной академии Вест-Пойнт — высшего учебного заведения, находящегося — и это следует подчеркнуть — в ведении федерального правительства. Роули писал: «Выход штата из Союза зависит от желания народа этого штата. Как мы уже знаем, народ обладает властью изменить свою конституцию…» Иными словами: у каждого штата было право порвать с Союзом.

В 1825–26 учебном году в Военной академии учились в частности Роберт Ли, будущий генерал Конфедерации, и Джефферсон Дэвис. Историк Аллен Гуезло в биографии Роберта Ли отвёл две с половиной страницы учёбе Ли в Вест-Пойнте, но не нашёл места для упоминания книги Роули. Объяснение очевидно: автор пытается убедить читателя, что штаты, вышедшие из Союза, нарушили Конституцию.

В конце 2022 года вышла из печати биография Линкольна, написанная пулитцеровским лауреатом Джоном Мичемом — «биографом президентов», как его называют. Ранее он написал биографии Томаса Джефферсона,

Эндрю Джексона, Джорджа Буша-отца. Это, вероятно, последняя из «примерно 115 тысяч» (по данным Википедии) книг о 16-м президенте. «И был свет: Авраам Линкольн и борьба Америки» ("And There Was Light: Abraham Lincoln and the American Struggle" — так назвал Мичем почти 700-страничную книгу. Автор не оставил без внимания первую инаугурационную речь Линкольна. Прокомментировал и даже процитировал. Однако Мичем счёл возможным — необходимым — не комментировать слова Линкольна о том, что Конституция защищает «вечность», хотя ничего подобного Конституция не защищает...

«Это (вечность) подтверждается историей самого Союза», — говорил Линкольн, но история Соединённых Штатов свидетельствовала об обратном. В 90-е годы XVIII века Томас Джефферсон и Джеймс Мэдисон открыто выступали за неподчинение штатов распоряжениям центра — федерального правительства. В конце 1814 года штаты Новой Англии готовились выйти из состава Союза. В 1832 году на гране разрыва с Союзом была Южная Каролина.

«Биограф президентов» Мичем знает, конечно, историю, но предпочёл скрыть от читателей допущенные Линкольном — разумеется, сознательно — исторические «неточности».

Несмотря на цунами книг, уверяющих читателя, что Союз сражался за ликвидацию института рабовладения, а Конфедерация — за сохранение этого института в неприкосновенности, опрос, проведённый в ноябре 2020 года социологической службой телекомпании CNN, показал, что только 16 процентов учеников американских средних школ считают, что Гражданская война велась из-за рабовладения.

Ссылаясь на результаты этого опроса, английский писатель Ричард Коэн, автор исследования «Делая историю: рассказчики, которые создавали прошлое» ("Making History: The Storytellers Who Shaped the Past"), подводит итог в главе о толковании Гражданской войны: «Южное видение всё ещё, однако, сохраняется». Его объяснение: «Одна константа в американской истории — расизм».

С Коэном не согласятся, конечно, историки, создавшие в 2002 году в южно-каролинском городе Макклелланвиль Аббевилльский научно-исследовательский институт. Его цель — как сказал Дональд Ливингстон, отец-основатель института, — «интеллектуально бороться с продолжающейся кампанией по исключению Юга из „Америки"». То есть кампанией по искажению истории.

Споры историков о Гражданской войне — и всем, что связано с ней, — вряд ли прекратятся, пока существуют Соединённые Штаты Америки.

История и грамматика.
Как "the Unites States are" стали "the United States is"

Сегодня каждый, кто говорит и пишет по-английски, автоматически, не задумываясь, употребляет единственное (singular), а не множественное (plural) число, когда речь идёт о Соединённых Штатах Америки. **Is**, а не **are**. Но было время, и довольно продолжительное, когда о Соединённых Штатах говорили и писали исключительно во множественном числе. Всегда **are** и никогда **is**. Изменение в грамматику внесла Гражданская война. После этой войны множественное число стало постепенно вытесняться единственным.

Нет ничего удивительного, что о Соединённых Штатах Америки говорили и писали во множественном числе. Об этом необходимо знать сегодня, когда находятся историки, которые называют предателями конфедератов, защищавших в Гражданской войне независимость своих штатов.

4 июля 1776 года тринадцать североамериканских колоний Англии провозгласили в Филадельфии на Втором Континентальном конгрессе независимость от британской короны и создали новое государство — Соединённые Штаты Америки. В ноябре того же 76-го Второй Континентальный одобрил Статьи Конфедерации и Вечного союза (*Articles of Confederation and Perpetual Union*). Это была первая Конституция США. Она вошла в силу 1 марта 1781 года после того, как её ратифицировали все тринадцать штатов. Начался Конфедеративный период в истории Соединённых Штатов (не будем путать с Конфедерацией, созданной в начале 1861 года южными штатами). Это был Союз, в котором у каждого штата были свои интересы, часто не совпадавшие с интересами других членов, иногда противоречащие. Да ведь и первоочередная задача Статей Конфедерации состояла в том, чтобы защитить независимость и суверенитет каждого члена Союза.

Правил страной однопалатный Конгресс, в котором каждый штат, вне зависимости от размера и численности населения, имел один голос. Любая выносимая на рассмотрение резолюция должна была приниматься единогласно. Если хотя бы один штат был против, резолюция отвергалась. Поскольку интересы штатов не совпадали (что могло быть общего между разделёнными сотнями миль Массачусетом и Вирджинией или гигантским Нью-Йорком и малюсеньким Делавэром?), то совместные решения принимались чрезвычайно редко. Конгресс был даже не в состоянии решить вопрос о финансировании полулюбительской армии Джорджа Вашингтона, собранной по принципу «с бору по сосенке» и сражавшейся за независимость с профессиональной британской армией, которая не испытывала никаких денежных проблем... Бесконечными были споры о границах штатов, о налогах...

Прогнозы о продолжительности существования «Вечного Союза» были неутешительными. Европейские наблюдатели предсказывали, что Союз распадётся на четыре конфедерации: Новая Англия, Среднеатлантические (Mid-Atlantic) штаты, Южные штаты и район Аппалачских гор. Националисты, надеявшиеся создать единую нацию, предвидели такое развитие событий и предпринимали усилия для создания прочного союза. Самыми заметными в среде националистов были Джеймс Мэдисон из Вирджинии и Александр Гамильтон из Нью-Йорка. Им требовались единомышленники во всех тринадцати штатах. Число единомышленников заметно выросло, когда в Массачусетсе началось восстание, вошедшее в историю как Восстание Шейса (Shays's Rebellion), о котором я рассказал в главе «Конституция и права штатов». Повторю вкратце.

Дэниел Шейс сражался в армии Вашингтона в Войне за независимость, завершил её в чине капитана. В 1783 году война закончилась, он вернулся домой и стал жертвой налогообложения, которое грозило ему, как и сотням других фермеров, бесправным судопроизводством, долгами и конфискацией имущества. Восстание началось в августе 1786 года. Вскоре под знаменем капитана Шейса было более тысячи закалённых в Войне за независимость бойцов. Власти Массачусетса обратились за помощью к другим штатам, но другим были совершенно безразличны заботы Массачусетса. Милиция Массачусетса сумела подавить восстание и арестовала главных бунтовщиков.

Восстание Шейса дало понять каждому политику, заинтересованному в крепком Союзе, что Статьи Конфедерации — негодный инструмент. В конце мая 1787 года, когда аресты сторонников Шейса ещё продолжались, в Филадельфии открылся Конституционный конвент. Спустя четыре месяца он принял Конституцию, которая существует — вместе с двадцатью семью поправками — по сей день. Конституция была ратифицирована штатами в течение 1788 года. Первые президентские выборы проходили с декабря 88-го по январь 89-го; 30 апреля 1789 года Джордж Вашингтон приступил к исполнению обязанностей президента.

Со дня основания и до ратификации Конституции о Соединённых Штатах говорили и писали во множественном числе, и это не вызывало никаких вопросов. Однако множественное осталось и после ратификации Конституции. Да ведь и в Конституции Соединённые Штаты пишутся во множественном числе. Обратимся за примером к Третьей статье, третий параграф которой начинается так: *Treason against the United States, shall consist only in levying War against* them, *or in adhering to* their *Enemes...*» Соединённые Штаты — множественное число. Нас не должен вводить в заблуждение перевод на русский («*Изменой против Соединённых Штатов может считаться только ведение войны против них или же помощь их врагам...*»), поскольку по-русски о Соединённых Штатах всегда пишут и говорят во множественном числе. Речь идёт об английской грамматике.

В Филадельфию на Конституционный конвент приехали представители двенадцати штатов (Род-Айленд собрание игнорировал). Большинство приехавших были радетелями крепкого Союза, но каждый оставался гражданином своего штата. Никто не сомневался, что за штатами остаётся право выйти из состава Союза. О Соединённых Штатах они по-прежнему говорили во множественном числе как о собрании суверенных штатов и писали **"are"**, а не **"is"**. Со множественным числом покончила Гражданская война.

«Сегодня, не задумываясь, мы автоматически говорим о Соединённых Штатах в единственном числе. Это — итог войны», — сказал историк эпохи Гражданской войны Шелби Фут в знаменитом документальном телесериале Кена Бернса «Гражданская война» (1990 год).

В этом не сомневается и Евгений Волох[1], профессор-правовед Калифорнийского университета в Лос-Анджелесе. «Грамматический сдвиг от "the Unites States are" к "the United States is" есть результат изменения национальной идентичности после Гражданской войны», — считает Волох, но при этом добавляет, что сдвиг (shift) произошёл не в одночасье: «Для фактического языкового изменения потребовалось много лет».

Да, действительно, "is" прижился не сразу. Ещё долгое время в повсеместном обиходе было "are". А в решениях Верховного суда множественное число присутствовало ещё в 90-е годы XIX века и исчезло только в начале двадцатого. Исходя из этого, профессор юридической школы Коннектикут-колледжа Майнор Майерс пришёл к выводу, что переход с "are" на "is" не связан с Граждан-

---

[1] Евгений (Юджин) Волох родился в Киеве в 1968 году, в семилетнем возрасте приехал с родителями в США, в 15 лет получил степень бакалавра математики и вычислительной техники в Калифорнийском университете (Лос-Анджелес), в 24 года получил степень доктора права в этом же университете, один из лучших специалистов по Первой и Второй поправкам к Конституции, автор книг и множества статей, создатель блога The Volokh Conspiracy.

ской войной. В 2008 году журнал *Brooklyn Law Review* опубликовал его статью «Словоупотребление в Верховном суде и создание "Is" ("Supreme Court Usage and the Making an 'Is'").

Кто прав: Шелби Фут и Евгений Волох или Майнор Майерс? Я считаю, что история перехода с "are" на "is" на стороне Фута и Волоха.

В русском языке множественное число в названии страны — Соединённые Штаты Америки — исключает дискуссию о нужном местоимении (он? она? они?), для нас Штаты — всегда ОНИ. Но какой бы глагол — IS или Are — мы не считали правильным, для меня ОНИ навсегда остаются единственным и любимым домом.

Библиография

Bennett Jr, Lerone. *Forced Into Glory: Abraham Lincoln's White Dream.* Chicago: Johnson Publishing Company, 2000.

Bierle, Sara Kay. *Call But the Cadets. The Battle of New Market, May 15. 1864.* El Dorado Hills, California: Savas Beatia, 2009.

Boyd Hardinge, Belle. *The Recollections of a Famous Female Confederate Spy During the American Civil War.* Two Volumes in one special Edition. Leonaur, 2019.

Chernow, Ron. *Grant.* New-York: Penguin Press, 2017.

Churchill, Winston S. *The American Civil War.* New York: The Fairfax Press, 1985.

Cohen, Richard. *America Against Itself: Versions of the Civil War (a chapter of book Making History: The Storytellers Who Shaped the Past).* New York and others: Simon & Schuster, 2022.

Cooper, Jr, William J. *Jefferson Davis, American.* New York: Vintage Books, 2000.

Davis, Burke. *They Called Him Stonewall: A Life of Lieutenant General T. J. Jackson, C.S.A. Short Hills.* New Jersey: Burford Books, 1999.

DiLorenzo, Thomas J. T*he Real Lincoln. A New Look at Abraham Lincoln, His Agenda, and an Unnecessary War.* Roseville, California: Prima Publishing, 2002.

DiLorenzo, Thomas J. *Lincoln Unmasked. What You're Not Supposed to Know About Dishonest Abe.* New York: Crown Forum, 2006.

Dinnerstein, Leonard. *Jews in the South.* Baton Rouge, LA: Louisiana State University, 1973.

Eisenschiml, Otto. *The Hidden Face of the Civil War.* Indianapolis: The Bobbs-Merrill, Co, 1961.

Ellis, Joseph J. *The Cause: The American Revolution and Its Discontents, 1773–1783.* New York: W. W. Norton & Company, 2021.

Emison, John Avery. *Lincoln Uber Alles. Dictatorship Comes to America.* Gretna, Louisiana: Pelican Publishing Company, 2009.

Feldman, Noah. *The Broken Constitution. Lincoln, Slavery, and the Refounding of America.* New York: Farrar, Straus and Giroux, 2021.

Foner, Eric. *The Making and the Breaking of the Legend of Robert E. Lee.* The New York Times, Aug. 28, 2017.

Freeman, Douglas Southall. *R. E. Lee: A Biography.* In Four Volumes. New York, London: Charles Scribner's Sons, 1949.

Gesualdi, Louis. *A Source Book of Karl Marx's Letters About Abraham Lincoln and His Strategic Goal in the Civil War.* The Destratification of American Society. Lewiston, New York: The Edwin Mellen Press, 2014.

Guelzo, Allen C. *Robert E. Lee: A Life.* New York: Alfred A. Knoff, 2021.

Henry. Robert Selph. *"First with the Most": Nathan Bedford Forrest.* Old Saybrook, CT: Konecky & Konecky, 1993.

Hearn, Chester G, Mike Marino. *Civil War Battles: The Maps of Jedediah Hotchkiss.* San Diego, California: Thunder Bay Press, 2008.

Horwitz, Tony. *Confederates in the Attic: Dispatches from the Unfinished Civil War.* New York: Pantheon Books, 1998.

Johnson, Thomas Gary. *The Life and Letters of Robert Lewis Dabney.* Richmond, VA: The Presbyterian Committee of Publication, 1903; London Classic Reprint Series — Forgotten Books, 2018.

Korn, Bertram W. *American Jewry and the Civil War.* Marietta, Georgia: R. Benis Publishing, 1995.

Leonard, Elizabeth D. *All the Daring of the Soldier: Women of the Civil War Armies.* New York London: W. W. Norton & Company, 1999.

Levin, Kevin M. *Search for Black Confederates. The Civil War's Most Persistent Myth.* Chapel Hill: University of North Carolina Press, 2019.

Marshall-Cornwall, James. *Grant as Military Commander.* New-York: Barnes & Noble Books, 1995.

McPherson, James M. *Battle Cry of Freedom. The Civil War Era.* New-York Oxford: Oxford University Press, 1988.

Meacham, Jon. *And There Was Light. Abraham Lincoln and the American Struggle.* New York: Random House, 2022.

Millett, Wesley and Gerald White. Th*e Rebel and the Rose: James A. Semple, Julia Gardiner Tyler, and the Lost Confederate Gold.* Nashville, Tennessee: Cumberland House, 2007.

Mitcham, Samuel W. *The Encyclopedia of Confederate Generals: The Definitive Guide to the 426 Leaders of the South's War Effort.* Washington, D.C.: Regnery History, 2022.

Perrier, Dianne. *Interstate 81: The Great Warriors Trace.* Gainesville: University Press of Florida. 2010.

Rawle, William Jr. *A View of the Constitution of the United States of America*. Clark, New Jersey: The Lawbook Exchange, LTD, 2003.

Phillips, James. *More on When "United States" Shifted from Plural to Singular*. The Volokh Conspiracy, January 18, 2018

Rhodes, James Ford. *History of the Civil War, 1861–1865*. First published by The MacMillan Company in 1917. Columbia, SC, 2022.

Robertson, James I. *Stonewall Jackson: The Man, The Soldier, The Legend*. New York: Macmillan Publishing USA, 1997.

Rosen, Robert N. *The Jewish Confederates*. Columbia, SC: University of South Carolina Press, 2000.

Rubin, Anne Sarah. *Through the Heart of Dixie: Sherman's March and American Memory*. Chapel Hill, NC: University of North Carolina Press, 2014.

Sarna, Jonathan D. *When General Grant Expelled the Jews*. New York: Schocken Books, 2012.

Seabrook, Lochlainn. *Nathan Bedford Forrest and Ku Klux Klan*. Nashville, Tennessee: Sea Raven Press, 2015.

Seabrook, Lochlainn. *Nathan Bedford Forrest and African-Americans*. Nashville, Tennessee: Sea Raven Press, 2016.

Seager, Robert. *And Tyler Too: Biography of John and Julia Gardiner Tyler*. Norwalk, Conn: The Easton Press, 1963.

Simms, William Gilmore. *A City Laid Waste: The Capture, Sack, and Destruction of the City of Columbia*. Columbia, SC: The University of South Carolina Press, 2005.

Speer, Lonnie R. *Portals to Hell: Military Prisons of the Civil War*. Lincoln and London: University of Nebraska Press, 2005.

Staufer, John. *Yes, There Were Black Confederates. Here's Why.* theroot. com: January 20, 2015.

Taussig, F. W. *The Tariff History of the United States.* New York and London: The Knickerbocker Press, 1910.

Tucker, Phillip Thomas. Bla*cks in Gray Uniforms: A New Look at the South's Most Forgotten Combat Troops 1861–1865.* Fonthill Media LLC, 2018.

Volokh, Eugene. *"United States" — Plural vs. Singular.* The Volokh Conspiracy, January 17, 2018

Warren, Robert Penn. *The Legacy of the Civil War.* Lincoln, Nebraska: University of Nebraska Press, 1998.

Warren, Robert Penn. *Jefferson Davis Gets His Citizenship Back.* Lexington, Kentucky: The University Press of Kentucky, 1980.

Wilson, Clyde, and others. *Exploring the Southern Tradition by 20 Abbeville Institute Scholars.* McClellanville, SC: Abbeville Institute Press, 2019.

Woodson, Carter Godwin. *Free Negro owners of slaves in the United States in 1830, together with Absentee ownership of slaves in the United States in 1830.* Washington, DC. Association for the Study of Negro Life anв History, 1924.

Wyeth, John Allan. *That Devil Forrest: Life of General Nathan Bedford Forrest.* Baton Rouge and London: Louisiana State University Press, 1989.

Адамс, Генри. *Воспитание Генри Адамса* // Пер. с англ. — М.: Прогресс, 1988.

Инаугурационные речи президентов США от Джорджа Вашингтона до Джорджа Буша 1789–2001 // Пер. с англ. — М.: Издательский дом «Стратегия», 2001.

Маль, Кирилл Маркович. *Гражданская война в США, 1861–1865: развитие военного искусства и военной техники.* — Минск: Харвест, 2000.

Митчелл, Маргарет. *Унесённые ветром* // Пер с англ. — М.: Эксмо, 2006.

Родс, Джеймс Форд. *История Гражданской войны в США, 1861–1865* // Пер. с англ. — М.: Азбука-Аттикус, Колибри, 2018.

Книга Алексея Орлова «История без искажений. Очерки о Гражданской войне» предназначена для читателя любознательного и пытливого. Книга изобилует не только интересными фактами (о многих из них, признаюсь, я не знал), но и даёт впечатляющую историческую картину величайшего и самого кровопролитного события в истории США — Гражданской войне.

Любить Америку и не знать её историю невозможно — ну что это за любовь? Алексей Орлов как раз и передаёт нам свою любовь к Америке, свои знания о её истории и её героях.

Читая книгу, вы не раз воскликните «Да не может быть!» — ведь вы слышали или читали совсем другие изложения событий. Но автор, потративший немыслимые часы на изучение истории Гражданской войны, показывает: так не только может быть, но и было. Именно сочетание любви и интереснейшей информации делает эту книгу уникальной.

Борис Палант,
адвокат, автор книги «Билль о правах»

Алексей Орлов начинает свою книгу о Гражданской войне в США с памятной многим иммигрантам сдачи экзамена на американское гражданство. Отвечая на вопрос о причинах войны, новый американец дал сотруднику службы натурализации именно тот ответ, который от него ожидали — освобождение рабов. Эта книга — ответ на тот же вопрос, к которому Орлов приходит после многих лет жизни в США и изучения их истории. Это сложный ответ, потому что он требует полного пересмотра привычного отношения к президенту Аврааму Линкольну, причисленному в популярном американском сознании к лику святых, критиковать которых не принято.

Орлов показывает читателю реального политика, который буквально идёт по трупам к своей цели — сохранению «вечного союза» штатов, хотя сама эта затея антиконституционна, равно как и методы её достижения. Собранные автором исторические документы позволяют представить атмосферу, царившую в США в 1860-х годах: железная решимость одних сломить и подчинить себе оппонентов и соответствующая реакция последних на тиранию власти. Воздух эпохи пропитан страхом репрессий, оппозиционная пресса ликвидирована, высказанная свободная мысль тут же интерпретируется как измена и чревата потерей не только свободы, но и жизни. Поняв это, ты перестаёшь смотреть на убийцу Линкольна — Джона Уилкса Бута — как на экзальтированного артиста. Он — закономерное порождение своего жуткого времени.

В море книг о Гражданской войне в США и президенте Линкольне труд Алексея Орлова значим и полезен для понимания не только истории, но и природы власти, раскрывающейся на таких крутых поворотах истории, какой была Гражданская война 1861–65 годов.

Вадим Ярмолинец,
писатель, журналист

«История учит только тому, что ничему не учит», — сказал Гегель. «Те, кто не учит уроки истории, обречены её повторить», — сказал Черчилль.

Так учить или нет? Знать или «какая разница»? Противоречие! Как быть? Кто поможет разобраться? Примите подсказку от самой Жизни: четвёртая книга Алексея Орлова уже в ваших руках, написанная сердцем, опытом, пристальным, взыскательным взглядом — и неугомонной, неисчерпаемой энергией моего друга.

Прочтите её. Сегодня истории человечества нужны достойные ученики.

Юра Дашевский,
комментатор, публицист, сценарист

Книги Алексея Орлова

в издательстве Bagriy & Company:

«Тень проклятия Текумсе над Белым домом»
(на русском и английском)

«Чёрные рабовладельцы
и другие американские истории»

«Из России к свободе»